McGraw-Hill's Classic *Chinese* Reader

Selected Poetry, Classic Stories, Literature, and Modern Drama

Huan Xiong, PhD

New York Chicago San Francisco Athens London Madrid
Mexico City Milan New Delhi Singapore Sydney Toronto

Copyright © 2014 by Zhejiang Education Publishing House. All rights reserved. Printed in the United States of America. Except as permitted under the United States Copyright Act of 1976, no part of this publication may be reproduced or distributed in any form or by any means, or stored in a database or retrieval system, without the prior written permission of the publisher.

1 2 3 4 5 6 7 8 9 0 RHR/RHR 1 0 9 8 7 6 5 4 3

ISBN 978-0-07-182801-7
MHID 0-07-182801-X

e-ISBN 978-0-07-182802-4
e-MHID 0-07-182802-8

Library of Congress Control Number: 2013945581

McGraw-Hill Education books are available at special quantity discounts to use as premiums and sales promotions or for use in corporate training programs. To contact a representative, please visit the Contact Us pages at www.mhprofessional.com.

This book is printed on acid-free paper.

目 录
Contents

Unit One
中国诗歌 Chinese Poetry

Shi (诗) is a very highly regarded literary genre in China. Traditionally, it is divided into various subgenres, such as *Ci* (词) and *Qu* (曲). There is also a type of prose-poem called *Fu* (赋). All traditional forms of Chinese poetry are rhymed.

The earliest extant anthologies are the *Shi Jing* (《诗经》, *Book of Classic Poetry* or *Book of Songs*) and *Chu Ci* (《楚辞》, *Songs of Chu* or *Songs of the South*), from the Spring and Autumn Period (770 BC—476 BC) and the Warring States Period (475 BC—221 BC), respectively. *Shi Jing* collected both aristocratic poems (Odes), and more rustic poetry, probably derived from folk songs (Songs). These poems were predominantly composed of four-character lines. *Chu Ci* was more lyrical and romantic, featuring the irregular line-lengths that were prevalent in the state of Chu. This collection is primarily made up of poems ascribed to Qu Yuan and his follower Song Yu.

The high point of classical Chinese poetry occurred during the Tang Period. Not only was the period prolific in poets and poems (perhaps as many as 50,000 poems), but poetry was integrated into almost every aspect of professional and social life, including as part of the Imperial Examinations taken by anyone wanting a government post. By the Tang Period, poetry was being composed according to regulated tone patterns. Early Tang poetic forms include: *Lushi* (律诗, regulated verse), an eight-line poem with five or seven words in each line; *Jueju* (绝句, truncated verse), a four-line poem with five or seven words in each line; and *Gushi* (古诗), ancient-style poetry which is unregulated. Over time, Tang poetry became more realistic, more narrative, and more critical of social norms.

The poetry of the Tang Dynasty was so strong that it remains influential today, and it towered over the generations that followed it. By the subsequent period, the

Song Dynasty, another form had proven it could provide the flexibility that new poets needed: the *Ci* (词, lyric — new lyrics written to pre-existing tunes). Each of the tunes had music that was often lost, but retained a meter unique to the tune. Thus, each *Ci* poem is labeled "to the tune of [Tune Name]" (调寄[词牌]) and fits the meter and rhyme of the tune (much in the same way that Christian hymn writers set new lyrics to pre-existing tunes). Thus, it is possible for the titles of *Ci* poems to have nothing to do with their subject matter and for several poems to share a title. In terms of their content, *Ci poetry* most often expressed feelings of desire, often in an adopted persona. However, the greatest exponents of the form used it to address a wide range of topics.

As the *Ci* gradually became more literary and artificial after Song times, Chinese *Sanqu poetry* (散曲), a freer form based on new popular songs and dramatic arias, developed, and lasted into the Ming Dynasty (14th—17th centuries).

Guān jū
关 雎

shī jīng guó fēng zhōu nán
《诗经·国风·周南》

guān guān jū jiū zài hé zhī zhōu
关关雎鸠，在河之洲。

yǎo tiǎo shū nǚ jūn zǐ hǎo qiú
窈窕淑女，君子好逑。

cēn cī xìng cài zuǒ yòu liú zhī
参差荇菜，左右流之。

yǎo tiǎo shū nǚ wù mèi qiú zhī
窈窕淑女，寤寐求之。

qiú zhī bù dé wù mèi sī fú
求之不得，寤寐思服。

yōu zāi yōu zāi zhǎn zhuǎn fǎn cè
悠哉悠哉，辗转反侧。

cēn cī xìng cài zuǒ yòu cǎi zhī
参差荇菜，左右采之。

yǎo tiǎo shū nǚ qín sè yǒu zhī
窈窕淑女，琴瑟友之。

cēn cī xìng cài zuǒ yòu mào zhī
参差荇菜，左右芼之。

yǎo tiǎo shū nǚ zhōng gǔ yuè zhī
窈窕淑女，钟鼓乐之。

注释 Notes

guān guān
关关：the sound of fish hawks

jū jiū
雎鸠：fish hawk

zhōu
洲：sandbars

yǎo tiǎo
窈窕：beautiful

shū nǚ
淑女：fair lady

jūn zǐ
君子：gentlemen

hǎo qiú
好逑：good partners

cēn cī
参差：untidy; uneven

xìng cài
荇菜：a name for certain water plant

liú zhī
流之：to seek and catch

wù mèi
寤寐：asleep and awake

qiú zhī
求之：to seek

sī fú
思服：to think of

yōu zāi
悠哉：sad; grieved

zhǎn zhuǎn fǎn cè
辗转反侧：to toss about in bed

cǎi
采：to pick up

qín sè
琴瑟：harp and lute (musical instrument)

mào
芼：to pick up

zhōng gǔ
钟鼓：bell and drum

yuè
乐：to make sb. happy

问题 Question

nǐ rèn wéi zhè shǒu shī wèi shén me néng liú xíng nián
你认为这首诗为什么能流行3000年？

Cultural Note

Guan ju (《关雎》): *Guan ju* is the first poem of the *Shi Jing* (《诗经》, *Book of Songs*), and is one of the best known poems in Chinese literature. It has been dated to the seventh century BC, also making it one of China's oldest poems. The title of the poem comes from its first line (guan guan ju jiu), which evokes a scene of ospreys calling on a river islet. It is a love poem, describing a man of the royal family in love with a girl collecting edible water plants, and his efforts to court her. The poem has been commonly alluded in later Chinese literature and sometimes even in everyday speech.

Shijing (《诗经》, *Book of Songs*): *Shijing* is the earliest existing collection of Chinese poems and songs. It comprises 305 poems and songs, some possibly from as early as 1000 BC. The collection is divided into three parts according to their genre, namely *Feng* (风), *Ya* (雅), and *Song* (颂). *Feng* collected folk songs; *Ya* collected festal songs or odes traditionally sung at court festivities or ceremonies; *Song* collected hymns and eulogies sung at sacrifices to gods and ancestral spirits of the royal house. Over half of the poems are said to have originally been popular songs. They concern basic human problems such as love, marriage, work, and war. The poems included in the *Book of Songs* have strict patterns in both rhyme and rhythm, make much use of imagery, and tend to be short; they set the pattern for later Chinese poetry. The *Book of Songs* is regarded as a revered Confucian classic, and has been studied and memorized by centuries of scholars in China.

Zhounan (《周南》, *The Odes of Zhou and the South*): *Zhounan* is the first section of *Feng* (风) in *Shijing* (诗经). In the early years of the Western Zhou Dynasty, Lord Dan of Zhou (reigning from 1063 BC to 1057 BC) made Luo City (today's Luoyang City in He'nan Province) its capital and from there he ruled over other dukes. The poems in *Zhounan* originate from Zhou and the states south of Zhou, covering an area the size of today's He'nan and Hubei Provinces.

Guan Ju

Shijing·Feng·Zhounan

Guan! Guan! Cry the fish hawks on sandbars in the river: a mild-mannered good girl, fine match for the gentleman. A ragged fringe is the floating-heart, left and right we trail it: that mild-mannered good girl, awake, asleep, I search for her. I search but cannot find her, awake, asleep, thinking of her, endlessly, endlessly, turning, tossing from side to side. A ragged fringe is the floating-heart, left and right we pick it: the mild-mannered good girl, harp and lute make friends with her. A ragged fringe is the floating-heart, left and right we sort it: the mild-mannered good girl, bell and drum delight her.

Dēng guàn què lóu
登鹳雀楼

Wáng Zhīhuàn
王之涣

bái rì yī shān jìn
白日依山尽，
huáng hé rù hǎi liú
黄河入海流。
yù qióng qiān lǐ mù
欲穷千里目，
gèng shàng yì céng lóu
更上一层楼。

注释 Notes

yī
依：to depend on

jìn
尽：to the utmost

yù
欲：to want

qióng mù
穷……目：to look as far as the eyes can see

lǐ
里：*Li*（Chinese measurement for length）

Question 问题

zài shén me qíng kuàng xià, nǐ huì bǎ zhè shǒu shī sòng gěi nǐ de péng you
在什么情况下，你会把这首诗送给你的朋友？

Cultural Note

Wang Zhihuan (王之涣,688－742) was an eminent poet in the mid-Tang Period. He was born in Bingzhou (today's Taiyuan in Shanxi Province). Vigorous and unconstrained, he often sang while practising the sword, and many of his poems were taken as lyrics by imperial musicians. Proud of his talent, Wang was not willing to abase himself as the official in Hengshui; moreover, somebody framed him, so he gave up his position with anger. After that he lived a free life at home for 15 years, and then achieved the office of governor in Wen'an County, a minor official again. Incorruptible and honest, he was highly regarded by the local public. However, soon after, at the age of 55, he was struck down with disease and died while still in office. He was later buried in Luoyang.

Guanque lou (鹳雀楼) is located in Yongji in Shanxi Province.

On the Stork Tower

Wang Zhihuan

The sun along the mountain bows,
the Yellow River seawards flows.
You will enjoy a finer sight,
by climbing to a greater height.

Jìng yè sī
静夜思

Lǐ Bái
李 白

chuáng qián míng yuè guāng
床 前 明 月 光，

yí shì dì shàng shuāng
疑 是 地 上 霜。

jǔ tóu wàng míng yuè
举 头 望 明 月，

dī tóu sī gù xiāng
低 头 思 故 乡。

注释 Notes

yí
疑 : to suspect

shuāng
霜 : frost

jǔ
举 : to raise up

wàng
望 : to look up

dī
低 : to lower down

sī
思 : to miss

gù xiāng
故 乡 : hometown

Question 问题

zhè shǒu shī biǎo dá le shī rén
这首诗表达了诗人

shén me yàng de gǎn qíng? nǐ yǒu
什么样的感情？你有

tóng yàng de jīng lì ma
同样的经历吗？

Cultural Note

Li Bai (李白,701－762) was regarded as one of the greatest poets in China's Tang Period, which is often considered as China's "golden age" of poetry. Approximately 1,100 poems remain attributed to Li Bai today, including thirty-three in the popular anthology, *Three Hundred Tang Poems*. Li Bai travelled extensively "looking for patrons," became renowned for his consumption of wine, served for brief periods under the emperor, and made his living through his poetry. He died from illness. He has the nicknames Poet Transcendent (诗仙) and Poet Knight-Errant (诗侠).

His poem *Thoughts in the Still Night*, reflecting the nostalgia of a traveller away from home, is widely memorized by school children and quoted by adults.

Translation

Thoughts in the Still Night

Li Bai

Before my bed a pool of light,
can it be frost on the ground?
Looking up, I find the moon bright,
bowing, in homesickness I'm drowned.

Tí xī lín bì
题西林壁

Sū Shì
苏轼

héng kàn chéng lǐng cè chéng fēng
横看成岭侧成峰，
yuǎn jìn gāo dī gè bù tóng
远近高低各不同。
bù shí lú shān zhēn miàn mù
不识庐山真面目，
zhǐ yuán shēn zài cǐ shān zhōng
只缘身在此山中。

注释 Notes

héng
横：horizontal
lǐng
岭：mountain ridge
cè
侧：side
fēng
峰：mountain peak
miàn mù
面目：face
yuán
缘：because
cǐ
此：this

Question 问题

nǐ zài pá shān de shí hou yǒu méi yǒu tóng yàng de gǎn shòu zhè shǒu shī yǒu shén me yù yì
你在爬山的时候有没有同样的感受？这首诗有什么寓意？

Cultural Note

Su Shi (苏轼, 1037 —1101) was a writer, artist, calligrapher, and statesman of the Song Dynasty, and one of the major poets of the Song era. His pseudonym was Dongpo Jushi (东坡居士), and he is often referred to as Su Dongpo (苏东坡). He was the greatest writer of *Song Ci*, often celebrating the joys of relaxed and transitory pleasures. Besides his renowned poetry, his other extant writings are of great value in the understanding of 11th century Chinese travel literature as well as details of the 11th century Chinese iron industry.

Mount Lu (庐山) is situated at the south of the Jiujiang City in Jiangxi Province, near Lake Poyang. Mount Lu is one of the ten most famous mountains in China and among the first batch of sites ranked as world geoparks. Mount Lu is best known for its grandeur, grotesque, steepness and beauty. It's long been honoured as a mountain with the most remarkable and elegant scenery on the planet. Chinese literati throughout the ages have left more than 4,000 poems in praise of Mount Lu. The most well-known lines are "不识庐山真面目,只缘身在此山中."

Written on the Wall of West Forest Temple

Su Shi

It's a range viewed in face and peaks viewed from one side,
assuming different shapes viewed from far and wide.
Of Mount Lu we cannot make out the true face,
for we are lost in the heart of the very place.

Jiǔ yuè jiǔ rì yì shāndōngxiōng dì
九月九日忆山东兄弟

Wáng Wéi
王 维

dú zài yì xiāng wéi yì kè
独在异乡为异客，

měi féng jiā jié bèi sī qīn
每逢佳节倍思亲。

yáo zhī xiōng dì dēng gāo chù
遥知兄弟登高处，

biàn chā zhū yú shǎo yì rén
遍插茱萸少一人。

wèi shén me shī rén zài zhè gè
为什么诗人在这个

shí hou sī niàn qīn rén
时候思念亲人？

注释 Notes

- 忆 (yì): to recollect; to think of
- 独 (dú): alone
- 异 (yì): different; the other
- 逢 (féng): to meet
- 佳节 (jiā jié): festivals
- 倍 (bèi): double
- 亲 (qīn): relatives
- 遥 (yáo): far away
- 登 (dēng): to climb
- 遍 (biàn): everywhere
- 插 (chā): to stick in
- 茱萸 (zhū yú): a plant, often worn by people at the Chongyang Festival

Cultural Note

Wang Wei (王维,701—761) was a painter, calligrapher, and musician as well as being one of the greatest High-Tang poets. He was of Han ethnicity. Born into an aristocratic family, Wang Wei passed the civil service entrance examination in the year 721. He was awarded Zhuangyuan (the first place in the Imperial Examination) and had a successful civil service career. He was a devout Buddhist and a vegetarian and his works often take a Buddhist perspective, combining an attention to the beauty of nature with an awareness of sensory illusion. Many of his poems are preserved, and twenty-nine were included in the highly influential anthology *Three Hundred Tang Poems*.

The ninth day of the ninth lunar month is the Chinese festival of Chongyang (重阳) or Chongjiu (重九, Double Ninth) when traditionally the whole family would go up to the hills to celebrate, wearing a spray of dogwood in the hair or a pouch of dogwood around the arm and imbibing ale or wine scented with chrysanthemum. A "spray" is a twig or sprig with leaves and all, which in this case are the fruits (dogberries) that ripen in autumn.

Thinking of My Brothers on the 9th Day of the 9th Lunar Month

Wang Wei

Alone, a lonely stranger in a foreign land,
I doubly pine for kinsfolk on a holiday.
I know my brothers would, with dogwood spray in hand,
climb up the mountain and miss me so far away.

Fù dé gǔ yuán cǎo sòng bié
赋得古原草送别

Bái Jūyì
白居易

lí lí yuán shàng cǎo
离离原上草，
yí suì yì kū róng
一岁一枯荣。
yě huǒ shāo bú jìn
野火烧不尽，
chūn fēng chuī yòu shēng
春风吹又生。
yuǎn fāng qīn gǔ dào
远芳侵古道，
qíng cuì jiē huāng chéng
晴翠接荒城。
yòu sòng wáng sūn qù
又送王孙去，
qī qī mǎn bié qíng
萋萋满别情。

注释 Notes

lí lí
离离：flourishing

yuán
原：field

kū
枯：to wither; to be dead

róng
荣：flourishing

yě
野：wild

jìn
尽：completely

chuī
吹：to blow

fāng
芳：fragrance

qīn
侵：to intrude

cuì
翠：green

huāng
荒：deserted

wáng sūn
王孙：wanderer (here it indicates people who are far from home)

qī qī
萋萋：flourishing

Question 问题

yě huǒ shāo bú jìn
"野火烧不尽，
chūn fēng chuī yòu shēng de
春风吹又生"的
zì rán xiàn xiàng gào su le
自然现象告诉了
wǒ men shén me dào lǐ
我们什么道理？

Cultural Note

Bai Juyi (白居易, 772—846) was a famous Chinese poet of the Tang Dynasty. Bai Juyi was born to a poor but scholarly family. At the age of ten he was sent away from his family to avoid a war that broke out in the north of China. He went to live with relatives in Xuzhou. He achieved the rank of "Jinshi" in the Imperial Examination. His official career was initially successful: he was a member of the Hanlin Academy and Reminder of the Left from 807 until 815, when he was demoted and exiled after remonstrating with the Emperor Xianzong over the failure to catch the murderer of two high officials. His career resumed when he was made Prefect of Hangzhou (822—824) and then Suzhou (825—827). His poems mostly concern his responsibilities as governor of several small provinces. He was one of the most prolific of all Chinese poets, but is best known for his short occasional verses written in simple language. He wrote the poem *Grass on the Ancient Plain* when he was only 16 years old.

Grass on the Ancient Plain — Fairwell to a Friend

Bai Juyi

Ripe grass on the prairie,
which flourishes and withers once every year,
can not be burnt out by a wild fire,
for the wind of spring will wake it up again.
Its fragrance o'er-runs the old way,
its green invades the deserted town.
to see my friend go far away,
O'er laden with grief, it bends down.

Chūn wàng
春　望

Dù Fǔ
杜　甫

guó pò shān hé zài
国破山河在，

chéng chūn cǎo mù shēn
城春草木深。

gǎn shí huā jiàn lèi
感时花溅泪，

hèn bié niǎo jīng xīn
恨别鸟惊心。

fēng huǒ lián sān yuè
烽火连三月，

jiā shū dǐ wàn jīn
家书抵万金。

bái tóu sāo gèng duǎn
白头搔更短，

hún yù bú shèng zān
浑欲不胜簪。

pò
破：to defeat

shēn
深：deep (here it implies the grass and weeds are overgrown)

jiàn lèi
溅泪：to burst into tears

hèn
恨：to hate

jīng
惊：to be frightened

fēng huǒ
烽火：flames of war

dǐ
抵：to be worth

sāo
搔：to scratch

hún
浑：simply; just

yù
欲：to want

shèng
胜：to undertake

zān
簪：hairpin

zhè shǒu shī biǎo dá le shén me yàng de qíng gǎn
这首诗表达了什么样的情感？

Cultural Note

Du Fu (杜甫,712—770) was a prominent Chinese poet of the Tang Dynasty. Along with Li Bai, he is frequently called the greatest Chinese poet. His greatest ambition was to serve his country as a successful civil servant, but he proved unable to make the necessary accommodations. His life, like the whole country, was devastated by the An Lushan Rebellion of 755, and his last 15 years were a time of almost constant unrest. Although initially he was little known to other writers, his works came to be hugely influential in both Chinese and Japanese literary culture. His work is very diverse, but his most characteristic poems are autobiographical and historical, recording the effects of war on his own life. His poems were regarded as "History of Poetry" and he has been called the "Poet-Sage" by Chinese critics.

The poem S*pring View* dates from 757, when Du Fu was held captive by the rebels in Chang'an (today's Xi'an). The hairpin was used to hold in place the caps worn by Chinese officials.

Spring View

Du Fu

On war-torn land streams flow and mountain stands,
in vernal town grass and weeds are overgrown.
Grieved o'er the years, flowers make us shed tears,
hating to part, hearing birds breaks our heart.
The beacon fire has gone higher and higher,
words from household are worth their value in gold.
I cannot bear to scratch my grizzling hair,
it grows too thin to hold a light hairpin.

Shuǐ diào gē tóu
水调歌头

Sū Shì
苏 轼

míng yuè jǐ shí yǒu, bǎ jiǔ wèn qīng tiān. bù zhī tiān shàng gōng què, jīn xī shì hé nián. wǒ yù chéng fēng guī qù, yòu kǒng qióng lóu yù yǔ, gāo chù bú shèng hán. qǐ wǔ nòng qīng yǐng, hé sì zài rén jiān.

明月几时有，把酒问青天。不知天上宫阙，今夕是何年。我欲乘风归去，又恐琼楼玉宇，高处不胜寒。起舞弄清影，何似在人间。

zhuǎn zhū gé, dī qǐ hù, zhào wú mián. bù yīng yǒu hèn, hé shì cháng xiàng bié shí yuán? rén yǒu bēi huān lí hé, yuè yǒu yīn qíng yuán quē, cǐ shì gǔ nán quán. dàn yuàn rén cháng jiǔ, qiān lǐ gòng chán juān.

转朱阁，低绮户，照无眠。不应有恨，何事长向别时圆？人有悲欢离合，月有阴晴圆缺，此事古难全。但愿人长久，千里共婵娟。

注释 Notes

- gōng què 宫阙：palace
- jīn xī 今夕：tonight
- hé 何：which
- guī 归：return
- qióng 琼：beautiful jade
- qióng lóu yù yǔ 琼楼玉宇：fairy's house
- shèng 胜：to be able to bear
- hán 寒：cold
- nòng 弄：to play with
- sì 似：seem; like
- rén jiān 人间：human's world
- zhū gé 朱阁：red mansion
- qǐ hù 绮户：gauze-draped window
- mián 眠：sleep
- bēi 悲：sad; sadness
- lí 离：to separate
- hé 合：together
- chán juān 婵娟：beautiful woman (here it implies the moon)

问题 Question

nǐ zǐ xì guān chá guò yuè liang de biàn huà ma?
你仔细观察过月亮的变化吗？

zhè shǒu cí dài gěi nǐ shén me yàng de gǎn shòu?
这首词带给你什么样的感受？

Cultural Note

Prelude to Water Melody **(水调歌头)**: This poem is thought to be the best representative of the style of Su Shi's lyrics. It was written for his brother in the Middle-Autumn Day (中秋节), when families normally get together to worship the full moon. *Prelude to Water Melody* imagines extreme loneliness in heaven and entrusts the poet's hopes in securing eternal happiness in the human world.

Tune: Prelude to Water Melody

Su Shi

How long will the full moon appear? Wine cup in hand, I ask the sky. I do not know what time of year it would be tonight in the palace on high. Riding the wind, there I would fly, yet I'm afraid the crystalline palace would be too high and too cold for me. I rise and dance, with my shadow I play. On high as on earth, would it be gay alike?

The moon goes round the mansions red through gauze-draped windows to shed her light upon the sleepless bed. Against man she should have no spite. Why then when people part, is she often full and bright? Men have sorrow and joy, they meet or part again; the moon is bright or dim and she may wax or wane. There has been nothing perfect since the olden days. So let us wish that man may live as long as he can! Though miles apart, we'll share the beauty she displays.

Unit Two

中国寓言故事 Chinese Fable Stories

Yuyan (*a fable*) comes from oral folk creativity. A distinctive feature of the fable is that it contains a moral truth. It is often told through the virtual, interesting short story, reflecting the understanding of social life and attitudes. Some Chinese fables concentrate on a certain period in the development of Chinese literature, while others cover almost the entire history of Chinese literature up to the Qing Dynasty. Fables have served to enrich the Chinese language and the morals of these stories have found their way into the language and are still in use up to now. The development of China's fables fully demonstrates the characteristics of ancient Chinese culture and literature.

méi yǒu zhēn cái shí xué zuì zhōng shì huì lòu xiànr de
没有真才实学，最终是会露馅儿的。

Làn yú chōng shù
滥竽充数

gǔ shí hou qí guó yǒu yí gè guó wáng xǐ huan tīng chuī yú tā xǐ huan rè nao ài bǎi pái chang zǒng xiǎng zài dà jiā miàn qián xiǎn shì zuò guó wáng de wēi yán cháng cháng ràng gè yīn yuè jiā yì qǐ chuī yú gěi tā tīng
古时候，齐国有一个国王喜欢听吹竽。他喜欢热闹，爱摆排场，总想在大家面前显示做国王的威严，常常让300个音乐家一起吹竽给他听。

nán guō xiān sheng yì diǎnr yě bú huì chuī yú dàn tā zhī dào le guó wáng de zhè gè ài hào jué de zhè shì gè zhuàn qián de hǎo jī huì jiù pǎo dào guó wáng nà lǐ chuī xū zì jǐ shuō dà wáng a wǒ chuī yú chuī de kě hǎo le niǎo shòu tīng dào wǒ de yǎn zòu dōu huì qǐ wǔ huā er tīng dào wǒ de yǎn zòu dōu huì shèng kāi ràng wǒ yě wèi nín yǎn zòu ba guó wáng gāo xìng de dā ying le bǎ nán guō xiān sheng ān pái jìn le rén de yǎn zòu duì wu lǐ
南郭先生一点儿也不会吹竽，但他知道了国王的这个爱好，觉得这是个赚钱的好机会，就跑到国王那里吹嘘自己说："大王啊，我吹竽吹得可好了，鸟兽听到我的演奏都会起舞，花儿听到我的演奏都会盛开，让我也为您演奏吧。"国王高兴地答应了，把南郭先生安排进了300人的演奏队伍里。

注释 Notes

- 滥 (làn): excessive
- 滥竽充数 (làn yú chōng shù): to pass oneself off as one of the players in an ensemble; to be there just to make up the numbers
- 充 (chōng): to pass sth. off as
- 吹 (chuī): to blow
- 竽 (yú): a traditional Chinese musical instrument
- 热闹 (rè nao): lively scene
- 摆排场 (bǎi pái chang): to be ostentatious and extravagant
- 显示 (xiǎn shì): to show
- 威严 (wēi yán): prestige; dignity
- 赚钱 (zhuàn qián): to make money
- 机会 (jī huì): opportunity
- 吹嘘 (chuī xū): to boast
- 起舞 (qǐ wǔ): to dance elegantly
- 盛开 (shèng kāi): to blossom
- 安排 (ān pái): to arrange

cóng cǐ yǐ hòu nán guō xiān sheng měi tiān hé
从此以后，南郭先生每天和
dà jiā yì qǐ gěi guó wáng yǎn zòu měi cì chuī
大家一起给国王演奏。每次吹
yú tā xué zhe dà jiā de yàng zi yáo tóu huàng
竽，他学着大家的样子，摇头晃
nǎo zhuāng mú zuò yàng de chuī zhe hǎo xiàng hěn mài
脑、装模作样地吹着，好像很卖
lì jiù zhè yàng nán guō xiān sheng hùn zài duì wu
力。就这样，南郭先生混在队伍
lǐ ná zhe fēng hòu de xīn shuǐ hěn cháng shí jiān
里，拿着丰厚的薪水，很长时间
dōu méi yǒu rén fā xiàn
都没有人发现。

hǎo jǐng bù cháng jǐ nián yǐ hòu zhè wèi guó
好景不长，几年以后，这位国
wáng sǐ le ér zi jì chéng le wáng wèi xīn guó
王死了，儿子继承了王位。新国
wáng yě xǐ huan tīng chuī yú bú guò gēn tā fù
王也喜欢听吹竽，不过，跟他父
qīn bù yí yàng tā xǐ huan tīng yīn yuè jiā men yí
亲不一样，他喜欢听音乐家们一
gè yí gè de chuī yīn yuè jiā men dōu rèn zhēn de
个一个地吹。音乐家们都认真地
zhǔn bèi zhe xiǎng zài xīn guó wáng miàn qián yì xiǎn
准备着，想在新国王面前一显
shēn shǒu zhǐ yǒu nán guō xiān sheng jí de xiàng rè
身手，只有南郭先生急得像热
guō shàng de mǎ yǐ tā xiǎng lái xiǎng qù zhī dào
锅上的蚂蚁。他想来想去，知道
zì jǐ zài zhè lǐ hùn bú xià qù le jiù tōu tōu
自己在这里混不下去了，就偷偷
de liū zǒu le
地溜走了。

zhè gè gù shi gào su wǒ men méi yǒu zhēn
这个故事告诉我们，没有真
zhèng de běn lǐng kào mēng piàn hùn fàn chī piàn dé
正的本领，靠蒙骗混饭吃，骗得

注释 Notes

yáo tóu huàng nǎo
摇头晃脑：to wag one's head; to assume an air of self-satisfaction

zhuāng mú zuò yàng
装模作样：to behave in an affected way

mài lì
卖力：to exert all one's strength

hùn
混：to pass off as

fēng hòu
丰厚：rich and generous

xīn shuǐ
薪水：salary

jǐng
景：situation; condition

jì chéng
继承：to succeed to

wáng wèi
王位：throne

rèn zhēn
认真：serious

yì xiǎn shēn shǒu
一显身手：to show (one's) skills

mǎ yǐ
蚂蚁：ant

tōu tōu de
偷偷地：stealthily

liū
溜：to sneak off

běn lǐng
本领：capability

mēng piàn
蒙骗：to deceive

hùn fàn chī
混饭吃：to engage in a job for the sake of making a living

liǎo yì shí piàn bù liǎo yí shì zuì hòu kěn dìng huì
了一时，骗不了一世，最后肯定会
bèi fā xiàn de
被发现的。

注释 Notes

yí shì
一世：forever

kěn dìng
肯定：certainly; undoubtedly

fā xiàn
发现：to find

Question 问题

dì yī gè guó wáng de ài hào shì shén me dì èr gè guó wáng de ài hào yǒu shén me bù tóng
1. 第一个国王的爱好是什么？第二个国王的爱好有什么不同？

nán guō xiān sheng huì chuī yú ma tā wèi shén me xiǎng qù gěi guó wáng chuī yú
2. 南郭先生会吹竽吗？他为什么想去给国王吹竽？

nán guō xiān sheng zuì hòu wèi shén me liū zǒu le
3. 南郭先生最后为什么溜走了？

làn yú chōng shù zhè gè gù shi gào su le wǒ men shén me dào lǐ nǐ de zhōu wéi yǒu zhè zhǒng làn yú chōng shù de rén ma
4. “滥竽充数”这个故事告诉了我们什么道理？你的周围有这种“滥竽充数”的人吗？

Cultural Note

The Yu (竽) was a free reed wind instrument used in ancient China. It was similar to the *Sheng*, with multiple bamboo pipes fixed in a wind chest which may have been made of bamboo, wood, or gourd. Each pipe contained a free reed, which was also made of bamboo. Whereas the *Sheng* was used to provide harmony (in fourths and fifths), the *Yu* was played melodically. The instrument was used, often in large numbers, in the court orchestras of ancient China (and also imported to Korea and Japan) but is no longer used.

The *Yu* was named after Emperor Qing Yu. He liked music so much that he decided to create an instrument. It was quite popular at that time, but after another emperor took over, its popularity slowly decreased. Not many people today know how to play the *Yu*.

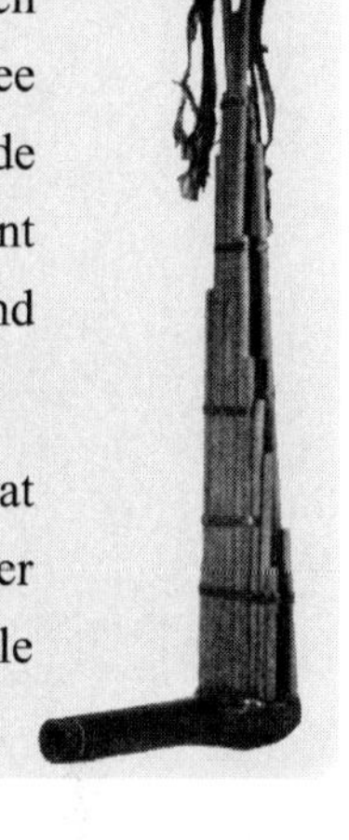

Abstract

Pass Oneself Off as One of the Players in an Orchestra

During the Warring States Period (475 BC—221 BC), the King of the State of Qi was very keen on listening to traditional musical performances called Yu ensembles. He used to bring as many as 300 Yu players together to perform spectacular music. As these musicians were very well paid for playing for the ruler, it was an excellent way for him to show his generosity. A man named Nanguo learned about the money to be made and was very keen on becoming a member of the band, even though he could hardly play the instrument. Nanguo made a plan and was successful in getting a position in the Yu band. Whenever the band played for the King, Nanguo just stood in the line, pretending that he was playing with his heart and soul. No one noticed that he was miming.

Several years later, the old king passed away. His son, who also enjoyed the beautiful Yu music, took the crown. However, contrary to his father, he preferred to listen to solo performance rather than a full choir. Therefore, he commanded the musicians to come forward and play the Yu one by one for him. When he heard the news, Nanguo was frightened to death and had no choice but to pack hastily and run out of the palace. Since then, the idiom "be there just to make up the numbers" is used to sneer at those who present themselves as professionals in a certain field but who are actually unqualified or unskilled.

wèi le ràng bié ren xiāng xìn zì jǐ de huà nǐ huì wú xiàn kuā dà yǐ zhì yú
为了让别人相信自己的话，你会无限夸大，以至于
shuō de huà qián hòu bù yí zhì ma
说的话前后不一致吗？

Zì xiāng máo dùn
自相矛盾

gǔ shí hou guó jiā hé guó jiā zhī jiān cháng cháng fā shēng zhàn zhēng máo hé dùn shì zuì cháng jiàn de wǔ qì yǒu yì tiān yí gè chǔ guó rén dài zhe máo hé dùn dào shì chǎng shang qù mài shì chǎng shang rén lái rén wǎng chē shuǐ mǎ lóng rè nao jí le
古时候，国家和国家之间常常发生战争，矛和盾是最常见的武器。有一天，一个楚国人带着矛和盾到市场上去卖。市场上人来人往，车水马龙，热闹极了。

tā zhǎo le gè zuì rè nao de dì fang bǎ máo jǔ de gāo gāo de dà shēng yāo he zhe dà jiā kuài lái kàn a wǒ de máo shì shì jiè shang zuì jiān ruì de máo kě yǐ cì tòu suǒ yǒu de dùn zhōu wéi de rén dōu wéi le guò lái ná zhe tā de wǔ qì zǐ xì xīn shǎng zhe xiǎo shēng yì lùn zhe kàn jiàn yǒu zhè me duō rén wéi guān tā dé yì jí le yòu jǔ qǐ shǒu shang de dùn dà shēng shuō kàn zhè shì wǒ de dùn tā shì shì jiè shang zuì jiē shi de
他找了个最热闹的地方，把矛举得高高的，大声吆喝着："大家快来看啊，我的矛是世界上最尖锐的矛，可以刺透所有的盾。"周围的人都围了过来，拿着他的武器，仔细欣赏着，小声议论着。看见有这么多人围观，他得意极了，又举起手上的盾，大声说："看，这是我的盾，它是世界上最结实的

注释 Notes

máo 矛: spear
dùn 盾: shield
fā shēng 发生: to take place
zhàn zhēng 战争: war
wǔ qì 武器: weapon
rén lái rén wǎng 人来人往: people come and go (to imply lots of people)
chē shuǐ mǎ lóng 车水马龙: an incessant stream of horses and carriages; heavy traffic
yāo he 吆喝: to shout
jiān ruì 尖锐: sharp
cì 刺: to stab; to pierce
tòu 透: through
xīn shǎng 欣赏: to appreciate
yì lùn 议论: to discuss
dé yì 得意: to be proud of oneself
jiē shi 结实: solid

dùn wú lùn duō me jiān ruì de máo dōu cì bù
盾，无论多么尖锐的矛，都刺不
chuān tā
穿它。”

dà jiā zhèng zhǔn bèi xīn shǎng tā de dùn shí
大家正准备欣赏他的盾时，
rén qún zhōng yǒu yí gè rén wèn tā nǐ de máo
人群中有一个人问他：“你的矛
shì zuì jiān ruì de máo nǐ de dùn shì zuì jiē shi
是最尖锐的矛，你的盾是最结实
de dùn rú guǒ yòng nǐ de máo qù cì nǐ de dùn
的盾。如果用你的矛去刺你的盾，
jié guǒ huì zěn me yàng ne dà jiā tīng le dōu
结果会怎么样呢？”大家听了，都
hā hā de xiào le nà gè rén de liǎn yí xià zi
哈哈地笑了。那个人的脸一下子
biàn hóng le ná qǐ tā de máo hé dùn huī liū liū
变红了，拿起他的矛和盾，灰溜溜
de zǒu le
地走了。

注释 Notes

chuān
穿：through

huī liū liū
灰溜溜：gloomy; crestfallen

yǐ hòu rén men cháng cháng yòng zì xiāng máo dùn
以后人们常常用“自相矛盾”
lái xíng róng shuō huà qián hòu bù yí zhì
来形容说话前后不一致。

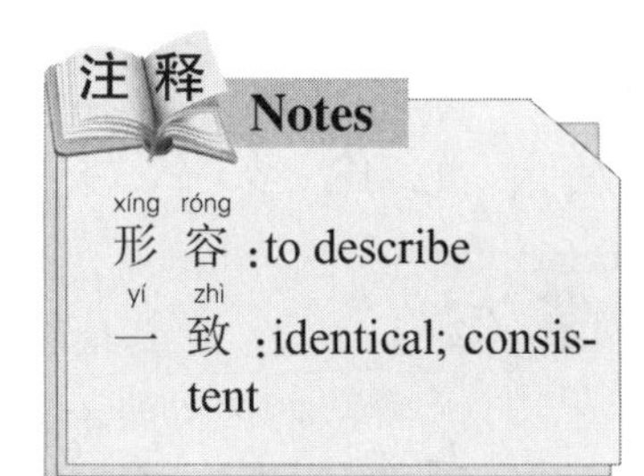

zhè gè chǔ guó rén shì zěn yàng chuī xū tā de máo de
1. 这个楚国人是怎样吹嘘他的矛的？
tā yòu shì zěn yàng chuī xū tā de dùn de
2. 他又是怎样吹嘘他的盾的？
wèi shén me zuì hòu tā huī liū liū de zǒu le
3. 为什么最后他灰溜溜地走了？
zhè gè gù shi gào su wǒ men shén me dào lǐ
4. 这个故事告诉我们什么道理？

Cultural Note

The Mao (矛) was a weapon that was used since prehistoric times. It was upgraded, according to demand, into many types of spear during the Shang Dynasty (17th century BC — 11th century BC). At that time, the spear (Qiang) had a bronze tip. By the end of the Zhou Dynasty of Eastern China (770 BC — 256 BC), it was replaced with a steel tip. This weapon was very effective. It was used by the Chinese army for long distance combat that involved throwing these spears, even after firearms were introduced by the Qin Dynasty.

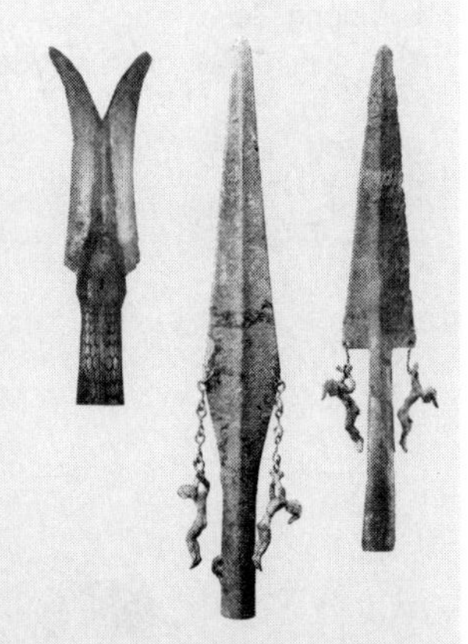

The Dun (盾) is a weapon used by ancient soldiers for self defense against knives and spears. The weapon, known as a shield, is a big board (made of metal, wood or leather) worn on the arm or held in the hand. A shield was also called “Gan” in ancient China. It was used as a battle weapon along with a dagger-axe (or “Ge” in Chinese), hence the phrase “Gan Ge xiang jian” (Gan and Ge meets each other), which means to start a war. The earliest Chinese shield is said to have come into existence way back in the reign of the Yellow Emperor. In the Tang Dynasty, the weapon was renamed “Pengpai” and officially called “Pai” in the Song Dynasty. The name “Pai” was widely used in the Ming and Qing Dynasties, replacing the former name “Dun.” At some stage in ancient China, bronze and iron shields were also among the items carried by a guard of honor.

To Be Self-Contradictory

In ancient times, there was a man who sold spears and shields. He used to boast: "My spears are the sharpest things in the world. They can penetrate anything." A moment later he would boast: "My shields are the toughest things in the world. Nothing can penetrate them." Then, a passer-by asked him: "What would happen if you threw one of your spears at one of your shields?" This man was so embarrassed that he ran away. The idiom, "contradicting oneself," came from the above story.

zài nǐ de shēng huó zhōng yǒu méi yǒu yīn wèi quē fá nài xīn ér bǎ shì qing nòng
在你的生活中，有没有因为缺乏耐心而把事情弄
de gèng zāo gāo de qíng kuàng
得更糟糕的情况？

Bá miáo zhù zhǎng
拔苗助长

sòng guó yǒu yí gè nóng mín xìng zi hěn jí
宋国有一个农民，性子很急，
zuò shì qing méi yǒu nài xīn zǒng shì xī wàng shì qing
做事情没有耐心，总是希望事情
yí xià zi jiù néng zuò hǎo chūn tiān bǎ yāng miáo
一下子就能做好。春天，把秧苗
chā jìn tián li yǐ hòu tā měi tiān dōu pǎo dào tián
插进田里以后，他每天都跑到田
li qù kàn jǐ cì pàn zhe yāng miáo néng kuài kuài
里去看几次，盼着秧苗能快快
zhǎng gāo kě shì yāng miáo hǎo xiàng gù yì gēn tā
长高。可是，秧苗好像故意跟他
zuò duì yí yàng yì diǎnr yě méi yǒu zhǎng tā
作对一样，一点儿也没有长。他
jí de zhí duò jiǎo xīn xiǎng bù xíng yāng miáo
急得直跺脚，心想：不行，秧苗
zhǎng de tài màn le zhè yào děng dào shén me shí hou
长得太慢了，这要等到什么时候
a wǒ děi xiǎng gè bàn fǎ tā jiǎo jìn nǎo zhī
啊！我得想个办法。他绞尽脑汁，
zhōng yú xiǎng dào le yí gè hǎo bàn fǎ
终于想到了一个好办法。

zhè tiān tiān gāng liàng tā jiù lái dào tián li
这天，天刚亮，他就来到田里，
dī zhe tóu wān zhe yāo bǎ yāng miáo yì diǎnr
低着头，弯着腰，把秧苗一点儿
yì diǎnr de wǎng shàng bá yì zhí gàn dào tài
一点儿地往上拔，一直干到太

注释 Notes

bá
拔：to pull
xìng zi
性子：temper
nài xīn
耐心：patience
yāng miáo
秧苗：rice seedling
chā
插：to transplant
gù yì
故意：intentionally
zuò duì
作对：to set oneself against
duò jiǎo
跺脚：to stamp one's foot
jiǎo jìn nǎo zhī
绞尽脑汁：to rack one's brains
zhōng yú
终于：finally
yāo
腰：waist

yáng xià shān lèi de yāo dōu zhí bù qǐ lái le huí
阳下山，累得腰都直不起来了。回
dào jiā li tā gāo xìng de duì jiā li rén shuō
到家里，他高兴地对家里人说：
jīn tiān kě bǎ wǒ lèi huài le xīn xīn kǔ kǔ gàn
“今天可把我累坏了，辛辛苦苦干
le yì zhěng tiān bú guò gōng fu zǒng suàn méi yǒu
了一整天。不过，工夫总算没有
bái fèi yāng miáo quán dōu zhǎng gāo le hā ha wǒ
白费，秧苗全都长高了，哈哈，我
tài gāo xìng le
太高兴了！”

jiā li rén dōu jué de hěn qí guài yāng miáo
家里人都觉得很奇怪，秧苗
zěn me kě néng yì tiān jiù zhǎng gāo ne dì èr
怎么可能一天就长高呢？第二
tiān tā de ér zi pǎo dào tián li qù kàn gāng zǒu
天，他的儿子跑到田里去看，刚走
dào tián biān jiù dāi zhù le yāng miáo dōng dǎo xī wāi
到田边就呆住了：秧苗东倒西歪
de quán dōu sǐ le
的，全都死了。

注释 Notes

xīn xīn kǔ kǔ
辛辛苦苦：hardworking

gōng fu
工夫：hard work

bái fèi
白费：to waste; to be in vain

dāi zhù
呆住：dumfounded

dōng dǎo xī wāi
东倒西歪：leaning

rèn hé shì qing dōu yǒu zì jǐ de guī lǜ rú
任何事情都有自己的规律，如
guǒ jí yú qiú chéng wéi bèi le shì wù de zì rán
果急于求成，违背了事物的自然
guī lǜ jiù huì shì dé qí fǎn
规律，就会适得其反。

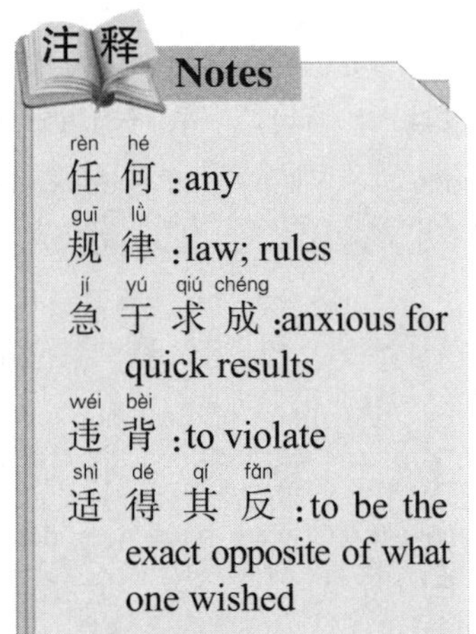

注释 **Notes**

rèn hé
任何：any

guī lǜ
规律：law; rules

jí yú qiú chéng
急于求成：anxious for quick results

wéi bèi
违背：to violate

shì dé qí fǎn
适得其反：to be the exact opposite of what one wished

zhè gè nóng mín wèi shén me tiān tiān dào tián li qù kàn yāng miáo
1. 这个农民为什么天天到田里去看秧苗？

tā shì zěn yàng bāng yāng miáo zhǎng gāo de
2. 他是怎样帮秧苗长高的？

wèi shén me tā de jiā rén tīng le tā de huà hòu jué de hěn qí guài
3. 为什么他的家人听了他的话后觉得很奇怪？

zhè gè gù shi gào su wǒ men shén me dào lǐ nǐ de shēng huó zhōng yǒu méi yǒu bá miáo zhù zhǎng de shì qing fā shēng
4. 这个故事告诉我们什么道理？你的生活中有没有“拔苗助长”的事情发生？

Agriculture in Ancient China

Beginning in 7,500 BC or so, with classical millet agriculture, China's development of farming over the course of its history has played a key role in supporting the growth of what is now the largest population in the world. It is estimated that the earliest attested domestication of rice took place in China by 7,500 BC. Excavations at Kuahuqiao, the earliest known Neolithic site in eastern China, have documented rice cultivation from 7,700 years ago. Finds at the ruins of the Hemudu Culture in Yuyao and Banpo Village near Xi'an, which all date back 6,000 to 7,000 years, include rice, millet, and spade-like farm tools made of stone and bone. The first signs of settled agriculture, however, were found around 5,000 BC. Due to China's severe shortage of arable land, farming in China has always been very labor-intensive. However, throughout its history, various methods have been developed or imported that have enabled greater farming production and efficiency.

During the Spring and Autumn Period (722 BC—481 BC), two revolutionary improvements in farming technology took place. One was the use of cast iron tools and beasts of burden to pull ploughs, and the other was the large-scale harnessing of rivers and development of water conservation projects. The Chinese also invented the hydraulic-powered trip hammer during the ancient Han Dynasty (202 BC—220 AD). Its main function was to pound, decorticate, and polish grain. Also by the 1st Century AD, the Chinese had invented the square-pallet chain pump, powered by a waterwheel or an oxen pulling on a system of mechanical wheels.

During the Eastern Jin (317—420) and the Northern and Southern Dynasties (420—589), the Silk Road and other international trade further spread farming technology throughout China. Political stability and a growing labor force led to economic growth, and people opened up large areas of wasteland and built irrigation works for expanded agricultural use. As land-use became more intensive and efficient, rice was grown twice a year and cattle began to be used for ploughing and fertilization.

By the Tang Dynasty (618—907), China had become a unified feudal agricultural society. Improvements in farming machinery during this era included the moldboard plough and watermill. Later, during the Yuan Dynasty (1271—1368), cotton planting and weaving technology were extensively adopted and improved.

Try to Help the Shoots Grow by Pulling Them Upward

In the Spring and Autumn Period, there was a farmer in the Song State who was impatient by nature. He thought his rice seedlings were growing too slowly. One day he decided to help them by pulling them up. After he went back home, he was exhausted but very proud and happy. He told his family: "I helped the rice seedlings grow today." Hearing this, his son hurried to the field and found that all the plants had withered.

This idiom refers to spoiling things because of being over-anxious for results and ignoring the laws of nature.

shēng huó zhōng yǒu hǎo shì huò huài shì fā shēng shí wǒ men yīng gāi zěn me qù
生活中有好事或坏事发生时，我们应该怎么去
miàn duì ne
面对呢？

Sài wēng shī mǎ
塞翁失马

zài kào jìn biān sài de dì fang zhù zhe yí wèi
在靠近边塞的地方，住着一位
huì suàn mìng de lǎo rén rén men chēng tā wéi sài
会算命的老人，人们称他为塞
wēng tā néng gēn jù shì qing de fā zhǎn biàn huà tuī
翁。他能根据事情的发展变化推
duàn jí xiōng
断吉凶。

yǒu yì tiān bù zhī dào shì shén me yuán yīn
有一天，不知道是什么原因，
sài wēng jiā de mǎ zài chū qù chī cǎo shí mí lù
塞翁家的马在出去吃草时迷路
le méi yǒu huí lái lín jū men zhī dào zhè gè xiāo
了，没有回来。邻居们知道这个消
xi hòu dōu jué de hěn kě xī duō hǎo de mǎ
息后，都觉得很可惜：多好的马
a néng gòu bāng sài wēng zuò hěn duō shì qing sài
啊！能够帮塞翁做很多事情。塞
wēng xiào le xiào duì dà jiā shuō diū le mǎ
翁笑了笑，对大家说："丢了马，
dāng rán shì jiàn huài shì dàn shì shéi zhī dào tā huì
当然是件坏事，但是谁知道它会
bú huì dài lái hǎo de jié guǒ ne
不会带来好的结果呢？"

jǐ gè yuè yǐ hòu nà pǐ mí lù de mǎ zì
几个月以后，那匹迷路的马自
jǐ yòu pǎo le huí lái ér qiě hái dài huí le yì
己又跑了回来，而且还带回了一

注释 Notes

shī
失：to lose
biān sài
边塞：frontier fortress
suàn mìng
算命：to tell one's future
gēn jù
根据：according to
biàn huà
变化：change
tuī duàn
推断：to infer
jí
吉：good luck
xiōng
凶：bad luck
mí lù
迷路：to lose one's way

pǐ fēi cháng hǎo de mǎ yú shì lín jū men yòu
匹非常好的马。于是，邻居们又
yì qǐ jù dào sài wēng jiā li zhù hè tā yí xià
一起聚到塞翁家里，祝贺他一下
zi dé dào le liǎng pǐ mǎ sài wēng què yǒu diǎnr
子得到了两匹马。塞翁却有点儿
dān xīn de shuō shéi zhī dào zhè jiàn shì huì bú huì
担心地说：“谁知道这件事会不会
gěi wǒ dài lái zāi huò ne
给我带来灾祸呢？”

jiā li duō le yì pǐ mǎ tā de ér zi gāo
家里多了一匹马，他的儿子高
xìng jí le tiān tiān qí mǎ chū qù wánr zǎo chū
兴极了，天天骑马出去玩儿，早出
wǎn guī zhōng yú yǒu yì tiān ér zi qí mǎ qí
晚归。终于有一天，儿子骑马骑
de tài kuài bù xiǎo xīn cóng mǎ bèi shang diào le xià
得太快，不小心从马背上掉了下
lái shuāi duàn le yì tiáo tuǐ shàn liáng de lín jū
来，摔断了一条腿。善良的邻居
men dōu lái ān wèi sài wēng sài wēng què hái shì nà
们都来安慰塞翁，塞翁却还是那
jù lǎo huà shéi zhī dào tā huì bú huì dài lái hǎo
句老话：“谁知道它会不会带来好
de jié guǒ ne
的结果呢？”

yì nián yǐ hòu yuǎn fāng de bù luò qīn lüè
一年以后，远方的部落侵略
dào zhè lǐ shēn qiáng lì zhuàng de nián qīng rén dōu
到这里，身强力壮的年轻人都
dào zhàn chǎng shang dǎ zhàng qù le jié guǒ shí yǒu
到战场上打仗去了，结果十有
bā jiǔ dōu sǐ zài le zhàn chǎng shang ér sài wēng
八九都死在了战场上。而塞翁
de ér zi yīn wèi duàn le yì tiáo tuǐ bù néng qù
的儿子因为断了一条腿，不能去
qián xiàn dǎ zhàng liú le xià lái fù zǐ èr rén
前线打仗，留了下来，父子二人

注释 Notes

yí xià zi
一下子：all of a sudden

zāi huò
灾祸：disaster

guī
归：to return

shuāi
摔：to fall down

ān wèi
安慰：to comfort

bù luò
部落：tribe

qīn lüè
侵略：to invade

dǎ zhàng
打仗：to go to war

shí yǒu bā jiǔ
十有八九：most likely

zhàn chǎng
战场：battlefield

bì miǎn le zhè chǎng shēng lí sǐ bié de zāi nàn
避免了这场生离死别的灾难。
nǐ kàn huài shì yòu biàn chéng le hǎo shì
你看，坏事又变成了好事。
shēng huó jiù shì zhè yàng hǎo shì zhōng yǐn cáng zhe huài shì huài shì yě kě néng zhuǎn biàn wéi hǎo shì
生活就是这样，好事中隐藏着坏事，坏事也可能转变为好事。

注释 Notes

bì miǎn
避免：to avoid
shēng lí sǐ bié
生离死别：to be separated in life and death; to part forever
yǐn cáng
隐藏：to hide
zhuǎn biàn
转变：to transform

问题 Question

sài wēng jiā dì yī cì fā shēng de bù hǎo de shì qing shì shén me tā shì zěn me shuō de
1. 塞翁家第一次发生的不好的事情是什么？他是怎么说的？
zhè jiàn bù hǎo de shì qing zuì hòu de jié guǒ shì zěn yàng de
2. 这件不好的事情最后的结果是怎样的？
sài wēng jiā dì èr cì fā shēng de bù hǎo de shì qing shì shén me tā shì zěn me shuō de
3. 塞翁家第二次发生的不好的事情是什么？他是怎么说的？
sài wēng de ér zi wèi shén me méi yǒu qù zhàn chǎng dǎ zhàng
4. 塞翁的儿子为什么没有去战场打仗？
nǐ jué de sài wēng de xiǎng fǎ duì bú duì wèi shén me qǐng jǔ lì shuō míng
5. 你觉得塞翁的想法对不对？为什么？请举例说明。

Cultural Note

Suan Ming **(算命)** — fortune-telling: Since time unknown, man has been fascinated by what his future will bring. It's as if knowing the future will help him change the present or prepare him for the future. Chinese people have been consulting fortune tellers, alchemists, and soothsayers, since time immemorial. Within Chinese culture there is a strong belief in predestination. There are many methods that are thought to help bring fortune and wealth and also guard against bad luck. These different methods of Chinese fortune telling are related to divination.

The Chine se fortune tellers during the 2nd Century BC relied on the writings of Li Xuzhong, a Tang Dynasty official. Li Xuzhong had devised horoscopes that used a combination of five elements, the "Ten Heavenly Stems" and the "Twelve Terrestrial Branches." This system needed the use of eight characters that stood for the year, month, day and hour of the particular person's birth. It contains the essential formulas, regulations, and methods to be used for deviation. Even today, many people look for different ways to help them discover their fate.

The Loss of a Horse: A Blessing in Disguise

In ancient times, an old man, who was a fortune-teller, lost a horse. His neighbors came to comfort him. But the old man said: "Losing a horse could be a bad thing, but it might turn into a good thing. Who knows?" A few months later, the lost horse came back, bringing another fine steed.

Wh en his neighbors heard the news, they congratulated the old man on his good luck. The old man said: "Who knows? This may bring us ill fortune!" One day, when the old man's son was riding the fine horse, he accidentally fell off the horse, breaking his leg, and was crippled. His neighbors came to comfort him, but the old man just said: "Who knows? This may bring us good fortune after all!"

A year later, when the neighboring state sent troops across the border, all the young and strong men were drafted to fight the invaders, and most of them were killed. The old man's son was not drafted because he was crippled, so his life was spared.

This idiom is used metaphorically to mean that sometimes people may benefit from a temporary loss or setback. In other words, a calamity may turn into a blessing.

zài nǐ de shēng huó zhōng yǒu méi yǒu shén me hǎo shì zài nǐ yì liào zhī wài fā
在你的生活中，有没有什么好事在你意料之外发
shēng nǐ jué de zhè yàng de hǎo shì huì cháng cháng fā shēng ma
生？你觉得这样的好事会常常发生吗？

Shǒu zhū dài tù
守株待兔

sòng guó yǒu yí gè nóng fū měi tiān zài tián dì
宋国有一个农夫，每天在田地
li láo dòng zǎo shang tiān yí liàng jiù qǐ chuáng
里劳动。早上天一亮就起床，
káng zhe chú tou wǎng tián li zǒu bàng wǎn tài yáng
扛着锄头往田里走，傍晚太阳
kuài luò shān le cái káng zhe chú tou huí jiā
快落山了，才扛着锄头回家。

yǒu yì tiān zhè gè nóng fū zhèng zài dì li
有一天，这个农夫正在地里
gàn huó tū rán yǒu zhī yě tù cóng cǎo cóng zhōng cuàn
干活，突然有只野兔从草丛中窜
le chū lái yě tù kàn dào yǒu rén jiù pīn mìng de
了出来。野兔看到有人就拼命地
pǎo yí xià zi zhuàng dào shù zhuāng shang zhé duàn
跑，一下子撞到树桩上，折断
bó zi sǐ le nóng fū xiào mī mī de fàng xià shǒu
脖子死了。农夫笑眯眯地放下手
zhōng de nóng huó zǒu guò qù jiǎn qǐ sǐ tù zi
中的农活，走过去捡起死兔子。

wǎn shang huí dào jiā nóng fū bǎ tù zi jiāo
晚上回到家，农夫把兔子交
gěi qī zi qī zi zuò le yì guō xiāng pēn pēn de
给妻子。妻子做了一锅香喷喷的
yě tù ròu liǎng kǒu zi měi měi de chī le yí dùn
野兔肉，两口子美美地吃了一顿。

dì èr tiān nóng fū zhào jiù dào dì li gàn
第二天，农夫照旧到地里干

注释 Notes

shǒu 守: to hold one's own position

zhū 株: stump

dài 待: to wait

káng 扛: to carry on the shoulder

chú tou 锄头: pickaxe

gàn huó 干活: to work

tū rán 突然: suddenly

cuàn 窜: to flee

pīn mìng 拼命: exerting the utmost strength

zhuàng 撞: to knock down

shù zhuāng 树桩: stump

bó zi 脖子: neck

xiào mī mī 笑眯眯: with a genial smile on one's face

jiǎn 捡: to pick up

zhào jiù 照旧: like before

huó kě shì tā zài yě bú xiàng yǐ qián nà me zhuān
活，可是他再也不像以前那么专

xīn le tā gàn yí huìr jiù cháo cǎo cóng li kàn
心了。他干一会儿就朝草丛里看

yí kàn tīng yì tīng xī wàng zài yǒu yì zhī tù
一看、听一听，希望再有一只兔

zi cuàn chū lái zhuàng zài shù zhuāng shang jiù zhè
子窜出来撞在树桩上。就这

yàng tā xīn bú zài yān de gàn le yì tiān huór
样，他心不在焉地干了一天活儿。

zhí dào tiān hēi yě méi yǒu kàn dào tù zi chū lái
直到天黑也没有看到兔子出来，

tā hěn shī wàng de huí jiā le
他很失望地回家了。

dì sān tiān nóng fū lái dào tián biān tā yǐ
第三天，农夫来到田边，他已

jīng wán quán bù xiǎng gàn huór le tā bǎ nóng jù
经完全不想干活儿了。他把农具

rēng zài yì biān zì jǐ zé zuò zài shù zhuāng páng
扔在一边，自己则坐在树桩旁

biān de tián gěng shang zhuān mén děng yě tù zi cuàn
边的田埂上，专门等野兔子窜

注释 Notes

zhuān xīn
专心: to concentrate on (doing sth.)

xīn bú zài yān
心不在焉: absent-minded

shī wàng
失望: disappointed

wán quán
完全: completely

tián gěng
田埂: a low bank of earth between fields

zhuān mén
专门: special

chū lái kě shì tā yòu bái bái de děng le yì tiān
出来。可是他又白白地等了一天。

nóng fū jiù zhè yàng měi tiān shǒu zài shù zhuāng biān rán ér tā shǐ zhōng méi yǒu zài jiǎn dào tù zi
农夫就这样每天守在树桩边，然而他始终没有再捡到兔子。

tā dì li de yě cǎo què yuè zhǎng yuè gāo, bǎ zhuāng jia dōu yān mò le
他地里的野草却越长越高，把庄稼都淹没了。

zhè gè yú chǔn de nóng fū bǎ yí cì ǒu rán shì jiàn dàng zuò cháng yǒu de xiàn xiàng hé bì rán de guī lǜ, jié guǒ kěn dìng shì yí shì wú chéng
这个愚蠢的农夫把一次偶然事件当作常有的现象和必然的规律，结果肯定是一事无成。

zhè gè gù shi yě gào su rén men tiān shàng diào xiàn bǐng de shì qing bù kě néng cháng cháng chū xiàn, zhǐ yǒu tōng guò zì jǐ xīn qín de láo dòng cái huì yǒu shōu huò
这个故事也告诉人们天上掉馅饼的事情不可能常常出现，只有通过自己辛勤的劳动才会有收获。

注释 Notes

bái bái de
白白地：in vain; for nothing

rán ér
然而：however

shǐ zhōng
始终：from beginning to end

zhuāng jia
庄稼：crops

yān mò
淹没：submerge

yú chǔn
愚蠢：stupid

ǒu rán
偶然：accidental

xiàn xiàng
现象：phenomenon

bì rán
必然：inevitable

yí shì wú chéng
一事无成：to accomplish nothing

xiàn bǐng
馅饼：pie

shōu huò
收获：gains

nà zhī tù zi shì zěn me sǐ de
1. 那只兔子是怎么死的？

dì èr tiān nóng fū gàn huó zhuān xīn ma wèi shén me
2. 第二天，农夫干活专心吗？为什么？

nóng fū hòu lái yòu jiǎn dào tù zi le ma
3. 农夫后来又捡到兔子了吗？

zhè gè gù shi gào su wǒ men shén me dào lǐ
4. 这个故事告诉我们什么道理？

Cultural Note

Chinese Cultural Interpretation of the Rabbit

In Chinese culture, the rabbit can be used to symbolize the moon. The ancient Chinese believed there was a rabbit living on the moon. They could see it on the shiny full moon on Mid-Autumn Day (the 15th day of the 8th month in the Chinese lunar calendar). Though the success of the Apollo Program proved the rabbit never lived on the moon, its lucky image never faded.

The rabbit, in Chinese called the Jade Rabbit or the Moon Rabbit, is a companion of the Moon Goddess who never grows old. It makes medicine by grinding herbs with a mortar and pestle. According to Beijing folklore, the rabbit came down to earth as a girl, riding on a horse, a tiger, or a lion. She travelled around the city and saved many people from a serious epidemic, thus, in tribute, Beijingers make statuettes of a rabbit wearing armour and riding a tiger. Rabbits, especially ones with white hair, are also a symbol of longevity in traditional Chinese culture. The ancient Chinese believed it was the incarnation of Alioth, the brightest star of the Triones.

Besides the divine image, Chinese people regard the rabbit as the embodiment of cleverness. There are many idioms to describe its vigilance and agility, for example:

Dong Ru Tuo Tu (动如脱兔): as nimble as a rabbit that has broken loose.

Wu Fei Tu Zou (乌飞兔走): time passes so fast, just like how the crow (the sun) and the rabbit (the moon) travel every day.

Jiao Tu San Ku (狡兔三窟): a canny rabbit always has several holes, making it hard for predators to track it down.

Shou Zhu Dai Tu (守株待兔): stand by a stump waiting for more hares to come and dash themselves against it.

Stand by a Stump Waiting for More Hares to Come

A farmer in the Song State was working in the fields when he saw a rabbit accidentally bump into a tree stump and break its neck. The farmer took the rabbit home and his wife cooked themselves a delicious meal. He thought: "I needn't work so hard. All I have to do is to wait for a rabbit each day by the stump." So from then on, he gave up farming and simply sat by the stump waiting for rabbits to come and run into it. But he got nothing at all.

This idiom satirizes those who just wait for a stroke of luck, rather than making efforts to obtain what they need.

cuò wù hé shī bài bìng bù kě pà zhòng yào de shì wǒ men yào xī qǔ jiào xùn
错误和失败并不可怕，重要的是我们要吸取教训，
zhè yàng cái néng bì miǎn gèng dà de cuò wù
这样才能避免更大的错误。

Wáng yáng bǔ láo
亡羊补牢

cóng qián yǒu yí gè mù mín yǎng le jǐ shí zhī yáng tā bái tiān qù cǎo yuán fàng yáng wǎn shang bǎ yáng qún gǎn jìn yáng juàn li
从前有一个牧民，养了几十只羊，他白天去草原放羊，晚上把羊群赶进羊圈里。

yì tiān zǎo chén zhè gè mù mín qù fàng yáng shí fā xiàn shǎo le yì zhī yáng tā shǔ le yòu shǔ yáng zhēn de shǎo le yì zhī tā jiǎn chá le yí xià yuán lái shì yáng juàn pò le gè kū long xiǎn rán yè jiān yǒu láng cóng kū long li zuān le jìn lái bǎ yì zhī yáng diāo zǒu le dì shang hái yǒu láng liú xià de hén jì
一天早晨，这个牧民去放羊时，发现少了一只羊。他数了又数，羊真的少了一只。他检查了一下，原来是羊圈破了个窟窿，显然夜间有狼从窟窿里钻了进来，把一只羊叼走了，地上还有狼留下的痕迹。

mù mín qì de zhí duò jiǎo lín jū men quàn gào tā shuō bié shēng qì le gǎn kuài bǎ yáng juàn xiū yì xiū dǔ shàng nà gè kū long ba tā chuí tóu sàng qì de shuō yáng yǐ jīng diū le hái
牧民气得直跺脚。邻居们劝告他说：“别生气了，赶快把羊圈修一修，堵上那个窟窿吧。”他垂头丧气地说：“羊已经丢了，还

注释 Notes

wáng 亡: lost
bǔ 补: to mend
láo 牢: prison (here it means animal pen)
mù mín 牧民: herdsman
fàng yáng 放羊: to graze sheep
yáng juàn 羊圈: sheep pen
kū long 窟窿: hole
xiǎn rán 显然: obviously
zuān 钻: to get into
diāo 叼: to hold in the mouth
hén jì 痕迹: trace
quàn gào 劝告: to persuade
dǔ 堵: to block up
chuí tóu sàng qì 垂头丧气: to be crestfallen

qù xiū yáng juàn gàn shén me ne shuō wán tóu yě
去修羊圈干什么呢？”说完，头也
bù huí de zǒu le
不回地走了。

dì èr tiān zǎo shang tā qù fàng yáng fā
第二天早上，他去放羊，发
xiàn yòu shǎo le yì zhī yáng yuán lái láng yòu cóng kū
现又少了一只羊。原来狼又从窟
long li zuān jìn yáng juàn diāo zǒu le yì zhī yáng
窿里钻进羊圈，叼走了一只羊。

mù mín duì lín jū shuō āi ya wǒ zhēn
牧民对邻居说，“哎呀，我真
yīng gāi tīng nǐ men de huà a lín jū men shuō
应该听你们的话啊。”邻居们说：
xiàn zài hòu huǐ hái lái de jí yú shì tā gǎn
“现在后悔还来得及。”于是，他赶
jǐn zhǎo lái jiē shi de cái liào bǎ nà gè kū long
紧找来结实的材料，把那个窟窿
dǔ shàng yòu duì yáng juàn jìn xíng le jiā gù bǎ
堵上，又对羊圈进行了加固，把
yáng juàn xiū de jiē jiē shí shí de
羊圈修得结结实实的。

注释 Notes

hòu huǐ
后悔：to regret

lái de jí
来得及：to be in time

gǎn jǐn
赶紧：hastily

jiā gù
加固：to reinforce

jiē jiē shí shí
结结实实：solid; firm

cóng cǐ zhè gè mù mín de yáng zài yě méi yǒu bèi láng diāo zǒu le
从此，这个牧民的羊再也没有被狼叼走了。

zhè gè gù shi gào su wǒ men fàn le cuò wù shòu le cuò zhé zhè zài shēng huó zhōng shì cháng yǒu de zhǐ yào néng rèn zhēn xī qǔ jiào xùn jí shí cǎi qǔ bǔ jiù cuò shī jiù néng bì miǎn jì xù fàn cuò wù bì miǎn zāo shòu gèng dà de sǔn shī
这个故事告诉我们：犯了错误，受了挫折，这在生活中是常有的。只要能认真吸取教训，及时采取补救措施，就能避免继续犯错误，避免遭受更大的损失。

注释 Notes

cóng cǐ
从此：from this time on

fàn cuò wù
犯错误：to make a mistake

cuò zhé
挫折：setback

xī qǔ
吸取：to draw

jiào xùn
教训：lesson

cǎi qǔ
采取：to adopt

bǔ jiù
补救：to remedy

cuò shī
措施：measure

jì xù
继续：to continue

zāo shòu
遭受：to suffer

sǔn shī
损失：loss

Question 问题

1. dì yī zhī yáng diū le hòu zhè gè mù mín zuò le shén me
第一只羊丢了后，这个牧民做了什么？
2. dì èr zhī yáng diū le hòu mù mín shuō le shén me zuò le shén me
第二只羊丢了后，牧民说了什么？做了什么？
3. rú guǒ mù mín bù xiū tā de yáng juàn kě néng huì chū xiàn shén me yàng de qíng kuàng
如果牧民不修他的羊圈，可能会出现什么样的情况？
4. wáng yáng bǔ láo de gù shi duì wǒ men de shēng huó yǒu shén me qǐ shì
“亡羊补牢”的故事对我们的生活有什么启示？

Cultural Note

The Development of Livestock in Ancient China

In ancient China, there are references to the "abundant harvest of five crops and six flourishing livestock species." The "six species" were the horse, cow, sheep/goat, pig, dog, and chicken. China was a centre for early animal domestication. As early as 5,000 to 6,000 years ago, people in the Yellow River valley had already started farming and raising livestock. China has a large livestock population, with pigs and fowl being the most common. In rural western China, sheep and goats are raised by nomadic herders.

Mend the Pen After the Sheep Is Lost

One day, a herdsman found that there was a sheep missing. Then he noticed that there was a hole in the wall of his sheep pen where the wolf had taken out the sheep. However, he neglected to repair it. The next morning, another sheep was missing. His neighbour advised him: "It is not too late to mend the sheep pen." He accepted the suggestion this time and repaired the sheep pen. He never lost any more sheep from then on.

This idiom tells us that even though we have suffered a loss, it is never too late to take steps to prevent further losses.

Unit Three
中国成语故事 Chinese Idiom Stories

Chengyu (*Chinese idioms*): Literally, Chengyu, or "set phrases," are a type of traditional Chinese idiomatic expression, most of which consist of four characters. Chengyu were widely used in Classical Chinese and are still common in written and spoken Chinese today. Chinese idioms are mostly derived from ancient literature. They are often intimately linked with the myth, legendary story, or historical fact. Chinese idioms do not follow the usual grammatical structure and syntax of the modern Chinese spoken language, and are instead highly compact and synthetic. They reflect the moral behind the story rather than the story itself. According to the most stringent definition, there are about 5,000 Chengyu in Chinese.

shēng huó zhōng nǐ yǒu méi yǒu yīn wèi zuò le méi yǒu bì yào de shì qing ér shī
生活中，你有没有因为做了没有必要的事情而失

qù le yuán běn kě yǐ dé dào de dōng xi ne
去了原本可以得到的东西呢？

Huà shé tiān zú
画蛇添足

chǔ guó yǒu gè guì zú zài jì sì guò zǔ zōng
楚国有个贵族，在祭祀过祖宗

hòu bǎ yì hú jì jiǔ shǎng gěi mén kè men hē
后，把一壶祭酒赏给门客们喝。

mén kè men jué de zhè me duō rén hē yì hú jiǔ
门客们觉得，这么多人喝一壶酒，

kěn dìng bú gòu hái bù rú ràng yí gè rén tòng tòng
肯定不够，还不如让一个人痛痛

kuài kuài de hē gè gòu ne kě shì dào dǐ gěi shéi
快快地喝个够呢。可是到底给谁

ne tā men xiǎng chū le yí gè hǎo zhǔ yi měi
呢？他们想出了一个好主意：每

gè rén zài dì shang huà yì tiáo shé shéi xiān huà
个人在地上画一条蛇，谁先画

hǎo zhè hú jiǔ jiù guī shéi
好，这壶酒就归谁。

mén kè men měi rén ná zhe yì gēn xiǎo gùnr
门客们每人拿着一根小棍儿，

kāi shǐ zài dì shang huà shé yǒu yí gè rén huà de
开始在地上画蛇。有一个人画得

hěn kuài bù yí huìr jiù bǎ shé huà hǎo le
很快，不一会儿，就把蛇画好了。

yú shì tā bǎ jiǔ hú ná le guò lái gāng yào hē
于是他把酒壶拿了过来，刚要喝，

fā xiàn qí tā rén dōu hái méi huà wán ne yòu dé
发现其他人都还没画完呢，又得

yì de ná qǐ xiǎo gùn zì yán zì yǔ de shuō
意地拿起小棍，自言自语地说：

注释 Notes

guì zú
贵族：aristocrat

jì sì
祭祀：a memorial ceremony for ancestors

zǔ zōng
祖宗：forefathers; ancestors; forebears

hú
壶：jar

shǎng
赏：to award; to grant a reward

mén kè
门客：a hanger-on (of an aristocrat)

bù rú
不如：would rather do

tòng tòng kuài kuài
痛痛快快：jolly

guī
归：to belong to

gùn
棍：stick

yú shì
于是：therefore

dé yì
得意：proud of oneself; complacent

zì yán zì yǔ
自言自语：to talk (or speak) to oneself

wǒ zài lái gěi shé tiān shàng jǐ zhī jiǎo děng wǒ
"我再来给蛇添上几只脚，等我

tiān hǎo le tā men yě bù yí dìng néng huà wán
添好了，他们也不一定能画完。"

tā biān shuō biān gěi shé huà jiǎo
他边说边给蛇画脚。

bú liào shé de jiǎo hái méi huà wán jiǔ hú
不料，蛇的脚还没画完，酒壶

jiù bèi páng biān de rén qiǎng le guò qù tā fēi
就被旁边的人抢了过去。他非

cháng shēng qì de shuō wǒ zuì xiān huà wán shé
常生气地说："我最先画完蛇，

jiǔ yīng gāi guī wǒ hē nà gè rén xiào zhe shuō
酒应该归我喝！"那个人笑着说：

dāng rán shì wǒ xiān huà wán shé de nǐ huà de gēn
"当然是我先画完蛇的。你画的根

běn jiù bú shì shé nǐ wèn wen dà jiā shéi jiàn guo
本就不是蛇！你问问大家，谁见过

yǒu jiǎo de shé qí tā rén tīng le dōu hā hā dà
有脚的蛇？"其他人听了都哈哈大

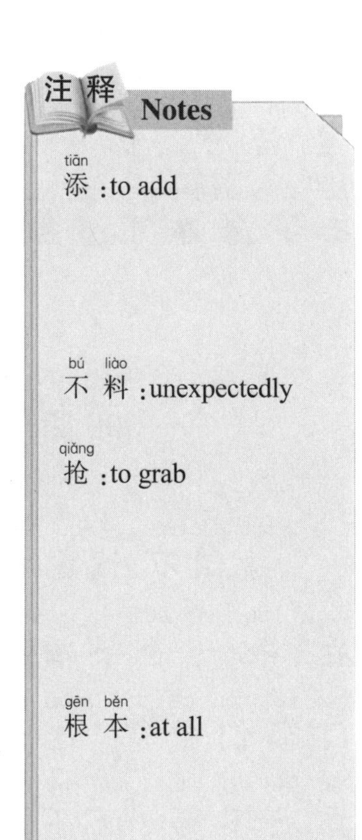
注释 Notes

tiān
添：to add

bú liào
不料：unexpectedly

qiǎng
抢：to grab

gēn běn
根本：at all

xiào qǐ lái zhè gè gěi shé huà jiǎo de rén yǎn bā
笑起来。这个给蛇画脚的人眼巴

bā de kàn zhe jiǔ bèi bié ren hē wán le hòu huǐ
巴地看着酒被别人喝完了，后悔

bù yǐ
不已。

yǒu xiē rén zì yǐ wéi shì xǐ huan jié wài
有些人自以为是，喜欢节外

shēng zhī mài nong zì jǐ jié guǒ wǎng wǎng nòng
生枝，卖弄自己，结果往往弄

qiǎo chéng zhuō huà shé tiān zú jiù shì yòng lái
巧成拙。“画蛇添足”就是用来

xíng róng zhè lèi rén de
形容这类人的。

注释 Notes

yǎn bā bā
眼巴巴：eagerly (looking at); coveting

hòu huǐ bù yǐ
后悔不已：to be seized with remorse

zì yǐ wéi shì
自以为是：opinionated; self-righteous

jié wài shēng zhī
节外生枝：to bring about extra complications

mài nong
卖弄：to show off

nòng qiǎo chéng zhuō
弄巧成拙：try to be clever but end up making a blunder

tā men xiǎng le yí gè shén me bàn fǎ lái hē zhè hú jiǔ
1. 他们想了一个什么办法来喝这壶酒？

dì yī gè rén huà wán shé hòu yòu zuò le shén me
2. 第一个人画完蛇后又做了什么？

zhè gè rén hē dào jiǔ le ma wèi shén me
3. 这个人喝到酒了吗？为什么？

tán tan nǐ duì zhè gè gěi shé huà jiǎo de rén de kàn fǎ
4. 谈谈你对这个给蛇画脚的人的看法。

shēng huó zhōng yǒu huà shé tiān zú de shì fā shēng ma cóng zhè gè gù shi zhōng nǐ míng bai le shén me dào lǐ
5. 生活中有“画蛇添足”的事发生吗？从这个故事中你明白了什么道理？

Cultural Note

Menke（门客）

In ancient China there was a group of advisers, called *Menke*, employed by aristocrats — noblemen and members of the hereditary ruling class—to serve and entertain their masters. They were different from persuasive lobbyists or *Shuike*, another group of people who were employed for their gift of the gab.

Some considered the *Menke* to be hangers-on, opportunists, or parasitic guests, who only associated with important people for personal gain. It was often very difficult for an aristocrat to tell the difference between a real friend and a hanger-on.

However, when their services were required, the *Menke* would represent their masters in entertaining VIPs and were trusted to sit among close friends and relatives of their masters at banquets and feasts.

Add Feet for a Snake

In the Warring States Period, a man in the State of Chu was offering a sacrifice to his ancestors. After the ceremony, the man gave a beaker of wine to his *Menke*. These *Menke* thought that there was not enough wine for all of them, and decided each one of them should draw a picture of a snake, the one who finished the picture first would get the wine. One of them drew very rapidly. Seeing that the others were still busy drawing, he added feet to the snake. At this moment, another man finished, snatched the beaker and drank the wine, saying: "A snake doesn't have feet. How can you add feet to a snake?" The man who finished first was disqualified from drinking the wine and was very regretful.

This idiom refers to ruining a venture by doing unnecessary and surplus things.

zài shēng huó zhōng yǔ qí mó fǎng bié ren bù rú chuàng zào zì jǐ de
在生活中，与其模仿别人，不如创造自己的
fēng gé
风格。

Dōng shī xiào pín
东施效颦

chūn qiū shí qī yuè guó yǒu yí gè fēi cháng piào liang de nǚ hái jiào xī shī tā de shēn tǐ bú tài hǎo jīng cháng xīn tòng měi cì fā zuò de shí hou tā jiù yòng shǒu wǔ zhe xiōng kǒu zhòu zhe méi tóu rén men kàn dào tā zhè gè yàng zi dōu shuō xī shī zhēn hǎo kàn lián shēng bìng dōu nà me měi
春秋时期，越国有一个非常漂亮的女孩叫西施，她的身体不太好，经常心痛。每次发作的时候，她就用手捂着胸口，皱着眉头。人们看到她这个样子都说：“西施真好看，连生病都那么美。”

xī shī lín jū jiā yǒu gè nǚ hái jiào dōng shī zhǎng de hěn chǒu tā tīng dào rén men kuā jiǎng xī shī xīn xiǎng zěn yàng cái néng ràng rén men yě kuā wǒ piào liang ne
西施邻居家有个女孩叫东施，长得很丑。她听到人们夸奖西施，心想：怎样才能让人们也夸我漂亮呢？

yǒu yì tiān xī shī de xīn tòng bìng yòu fàn le tā chū qù xǐ yī fu shí zhòu zhe méi tóu yòng yì zhī shǒu wǔ zhe xiōng kǒu suī rán kàn shàng qù nán shòu jí le dàn hěn měi dōng shī zhèng hǎo
有一天，西施的心痛病又犯了。她出去洗衣服时，皱着眉头，用一只手捂着胸口，虽然看上去难受极了，但很美。东施正好

注释 Notes

- 模仿 (mó fǎng): to imitate
- 颦 (pín): to frown
- 心痛 (xīn tòng): heartache
- 发作 (fā zuò): (of a disease) to break out
- 捂 (wǔ): to cover ... with one's hand
- 胸口 (xiōng kǒu): the chest
- 皱眉头 (zhòu méi tóu): to frown
- 连 (lián): even if
- 丑 (chǒu): ugly
- 夸奖 (kuā jiǎng): to praise
- 犯 (fàn): to come down with (illness)
- 难受 (nán shòu): to feel unhappy

kàn jiàn le xīn xiǎng hēng bié ren dōu shuō nǐ
看见了，心想：“哼，别人都说你
lián shēng bìng de shí hou dōu piào liang wǒ kàn kě bù
连生病的时候都漂亮，我看可不
yí dìng kě shì tā kàn zhe kàn zhe tàn le
一定！”可是，她看着看着，叹了
yì kǒu qì ài tā zhēn de tài hǎo kàn le
一口气：“唉！她真的太好看了，
wǒ bù néng zǒng zhè yàng jì dù tā ya nà yàng rén
我不能总这样嫉妒她呀！那样人
men huì gèng bù xǐ huan wǒ de wǒ dào dǐ gāi zěn
们会更不喜欢我的。我到底该怎
me bàn ne xī shī de bèi yǐng yuè zǒu yuè yuǎn
么办呢？”西施的背影越走越远，
tā tū rán xiǎng dào le yí gè hǎo bàn fǎ jì rán
她突然想到了一个好办法：既然
rén men dōu xǐ huan xī shī wǔ zhe xiōng kǒu zhòu zhe
人们都喜欢西施捂着胸口、皱着
méi tóu zǒu lù de yàng zi wǒ bù rú yě xué tā
眉头走路的样子，我不如也学她，
nà yàng rén men kěn dìng yě huì xǐ huan wǒ de
那样人们肯定也会喜欢我的！

jiù zhè yàng dōng shī yě wǔ zhe xiōng kǒu
就这样，东施也捂着胸口，
zhòu zhe méi tóu zǒu chū le jiā mén yuǎn yuǎn de zǒu
皱着眉头走出了家门。远远地走
lái yí gè mǎi cài de lǎo pó po dōng shī mǎ shàng
来一个买菜的老婆婆，东施马上
zhuāng zuò tòng kǔ de āi yōu le yì shēng lǎo
装作痛苦地“哎哟”了一声。老
pó po chī le yì jīng děng tā kàn qīng shì dōng shī
婆婆吃了一惊，等她看清是东施
hòu yǐ wéi tā zhēn de bìng le jiù guān xīn de
后，以为她真的病了，就关心地
wèn dōng shī gū niang nǐ zěn me le dōng
问：“东施姑娘，你怎么了？”东
shī duì lǎo pó po shuō nín kàn wǒ xiàng bú xiàng
施对老婆婆说：“您看我像不像

jì dù
嫉妒：to envy

bù rú
不如：would rather do

zhuāng zuò
装作：to pretend

guān xīn
关心：to be concerned with

xī shī ya lǎo pó po tīng le hā hā dà xiào
西施呀？"老婆婆听了，哈哈大笑
qǐ lái dōng shī shēng qì de wèn nín xiào shén
起来。东施生气地问："您笑什
me nǐ men bú shì jué de xī shī shēng bìng de yàng
么？你们不是觉得西施生病的样
zi hěn hǎo kàn ma lǎo pó po tīng le hòu rèn
子很好看吗？"老婆婆听了后，认
zhēn de duì tā shuō kě shì nǐ bú shì xī shī
真地对她说："可是你不是西施
ya nǐ yǒu nǐ zì jǐ de yàng zi rú guǒ máng
呀！你有你自己的样子，如果盲
mù mó fǎng bié ren huì hěn nán kàn de dōng shī
目模仿别人，会很难看的！"东施
tīng le jué de lǎo pó po shuō de hěn duì bù hǎo
听了，觉得老婆婆说得很对，不好
yì si de huí jiā le cóng nà yǐ hòu tā zài yě
意思地回家了。从那以后，她再也
bù xué xī shī de yàng zi le
不学西施的样子了。

注释 Notes

nán kàn
难看：ugly

xī shī jīng cháng nǎ lǐ bù shū fu
1. 西施经常哪里不舒服？

dōng shī zhǎng de zěn me yàng
2. 东施长得怎么样？

dōng shī mó fǎng xī shī de yàng zi hòu rén men rèn wéi tā biàn hǎo kàn le ma
3. 东施模仿西施的样子后，人们认为她变好看了吗？

zhè gè gù shi gào su wǒ men shén me dào lǐ
4. 这个故事告诉我们什么道理？

The Four Great Chinese Beauties of Ancient Times

Xishi, Wang Zhaojun, Diaochan, and Yang Yuhuan were renowned for their beauty. They were genuine historical figures, but the scarcity of historical records concerning them meant that much of what is known of them today has been greatly embellished by legend. They gained their reputation from the influence they exercised over kings and emperors and, consequently, by the way their actions impacted on Chinese history. The Four Great Beauties brought kingdoms to their knees, and the lives of them all ended in tragedy or under mysterious circumstances.

People described their peerless beauty with “Bi Yue Xiu Hua” and “Chen Yu Luo Yan.” They were so beautiful that animals did not dare to face them, plants were ashamed and speechless in front of them, and even the moon covered her face with clouds. “Bi Yue,” “Xiu Hua,” “Chen Yu” and “Luo Yan” are wonderful stories of made up historical allusion. Respectively, “Bi Yue” (closed moon) tells a story of Diaochan worshipping the moon. “Xiu Hua” (shamed flowers) is a story about Yang Yuhuan (also known as Concubine Yang) enjoying the flowers in the garden. “Chen Yu” (sunken fish) describes a story that Xishi was washing clothes in the river. Finally, “Luo Yan” (falling wild goose) portrays a story that Wang Zhaojun was leaving her country.

The impact the Four Great Chinese Beauties had on political affairs at the time contributed to their noble identity. Nevertheless, their fates were pitiful. Therefore, it is said that beautiful women suffer unhappy fates.

Xishi

Wang Zhaojun

Diaochan (and Lü Bu)

Yang Yuhuan

To Imitate Awkwardly

Xishi was an extremely beautiful young lady in the Yue State in ancient China. She showed her elegance in each and every action and impressed people very much. But she often had chest pains. Dongshi was Xishi's neighbour. She was an ugly girl and always felt jealous when people praised Xishi's beauty.

One day, Xishi felt the pain again and, as usual, put her hands on her chest and frowned.

Dongshi happened to see Xishi in the street that day and it suddenly occurred to her that this might be the reason why Xishi was generally regarded as a beauty. Dongshi decided to copy Xishi, putting her hands on her chest and frowning too.

When an old woman saw her, she thought Dongshi was sick. After she got the whole story, she laughed at Dongshi and saying: "There is no need to be ashamed of being ugly, but you should be ashamed of aping blindly because that makes you look stupid." Dongshi felt embarrassed and returned home.

This idiom came to be used to indicate improper imitation that produces the reverse of the intended effect.

zài shēng huó zhōng nǐ yǒu méi yǒu zì jǐ qī piàn zì jǐ de shí hou ne
在生活中，你有没有自己欺骗自己的时候呢？

Yǎn ěr dào líng
掩耳盗铃

chūn qiū mò qī zhàn zhēng bú duàn yǒu gè
春秋末期，战争不断。有个
xiǎo tōu chèn jī pǎo dào yí hù rén jiā jiā li xiǎng tōu
小偷趁机跑到一户人家家里想偷
diǎnr dōng xi tā kàn jiàn yuàn zi li diào zhe yì
点儿东西，他看见院子里吊着一
kǒu dà zhōng zhōng shì yòng shàng děng qīng tóng zuò
口大钟。钟是用上等青铜做
chéng de zào xíng hé tú àn dōu hěn jīng měi xiǎo
成的，造型和图案都很精美。小
tōu xīn li gāo xìng jí le xiǎng bǎ zhè kǒu jīng měi
偷心里高兴极了，想把这口精美
de dà zhōng bēi huí zì jǐ jiā qù kě shì zhōng yòu
的大钟背回自己家去。可是钟又
dà yòu zhòng tā lián bān le jǐ cì zěn me yě
大又重，他连搬了几次，怎么也
nuó bú dòng xiǎng lái xiǎng qù zhǐ yǒu yí gè bàn
挪不动。想来想去，只有一个办
fǎ nà jiù shì bǎ zhōng qiāo suì rán hòu zài yí
法，那就是把钟敲碎，然后再一
kuài yí kuài bān huí jiā
块一块搬回家。

xiǎo tōu zhǎo lái yì bǎ dà chuí shǐ jìn cháo
小偷找来一把大锤，使劲朝
zhōng zá qù guāng de yì shēng jù xiǎng bǎ
钟砸去，“咣”的一声巨响，把
tā xià le yí dà tiào xiǎo tōu fā huāng le xīn
他吓了一大跳。小偷发慌了，心
xiǎng zhè xià zāo le zhè bù děng yú shì gào su rén
想这下糟了，这不等于是告诉人

chūn qiū
春秋：the Spring and Autumn Period

bú duàn
不断：continually

xiǎo tōu
小偷：thief

chèn jī
趁机：to take advantage of the situation

diào
吊：to hang

shàng děng
上等：high-quality

qīng tóng
青铜：bronze

zào xíng
造型：design

tú àn
图案：pattern

jīng měi
精美：exquisite

lián
连：to go on without stopping

nuó
挪：to remove

suì
碎：(to break) into pieces

chuí
锤：hammer

shǐ jìn
使劲：to make efforts

zá
砸：to pound; to break

xià
吓：to scare

fā huāng
发慌：to become flustered

men wǒ zhèng zài zhè lǐ tōu zhōng ma tā xīn li yì
们我正在这里偷钟吗？他心里一
zháo jí shēn zi yí xià zi pū dào le zhōng shang
着急，身子一下子扑到了钟上。
tā zhāng kāi shuāng bì xiǎng wǔ zhù zhōng shēng kě
他张开双臂想捂住钟声，可
zhōng shēng yòu zěn me wǔ děi zhù ne
钟声又怎么捂得住呢！

tā yuè tīng yuè hài pà bù yóu zì zhǔ de shōu
他越听越害怕，不由自主地收
huí shuāng shǒu shǐ jìn wǔ zhù zì jǐ de ěr duo
回双手，使劲捂住自己的耳朵。
yí zhōng shēng biàn xiǎo le tīng bú jiàn le
“咦，钟声变小了，听不见了！”
xiǎo tōu gāo xìng qǐ lái miào jí le bǎ ěr duo
小偷高兴起来：“妙极了！把耳朵
wǔ zhù jiù tīng bú dào zhōng shēng le tā lì kè
捂住就听不到钟声了。”他立刻
zhǎo lái liǎng kuài bù bǎ ěr duo dǔ zhù xīn xiǎng
找来两块布，把耳朵堵住，心想：
zhè xià shéi yě tīng bú jiàn zhōng shēng le yú shì fàng
这下谁也听不见钟声了。于是放

注释 Notes

pū
扑：to pounce

zhāng kāi
张开：to stretch out

wǔ
捂：to cover up

bù yóu zì zhǔ
不由自主：unconsciously

miào
妙：fantastic

lì kè
立刻：at once

xīn de zá qǐ zhōng lái zhōng shēng chuán dào hěn yuǎn
心地砸起钟来。钟声传到很远

de dì fang rén men tīng dào hòu fēng yōng ér zhì
的地方，人们听到后蜂拥而至，

bǎ xiǎo tōu zhuō zhù le
把小偷捉住了。

yǎn ěr dào zhōng hòu lái bèi shuō chéng yǎn
“掩耳盗钟”后来被说成“掩

ěr dào líng zhè gè chéng yǔ cháng yòng lái bǐ yù
耳盗铃”，这个成语常用来比喻

yú chǔn zì qī qī rén de xíng wéi
愚蠢、自欺欺人的行为。

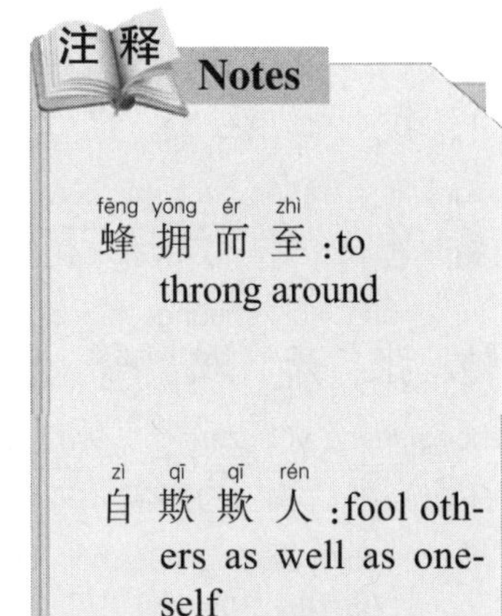

注释 Notes

fēng yōng ér zhì
蜂拥而至：to throng around

zì qī qī rén
自欺欺人：fool others as well as oneself

xíng wéi
行为：behaviour

xiǎo tōu wèi shén me yào tōu zhōng
1. 小偷为什么要偷钟？

xiǎo tōu xiǎng chū shén me bàn fǎ tōu zhōng
2. 小偷想出什么办法偷钟？

xiǎo tōu zěn me bèi zhuā zhù le
3. 小偷怎么被抓住了？

shēng huó zhōng yǒu méi yǒu zhè yàng zì qī qī rén de shì ne
4. 生活中有没有这样自欺欺人的事呢？

Chinese Bronzeware

Chinese bronzeware, which can also be called bronzes for short, mainly refer to the utensils and vessels alloyed from red bronze and some other chemical elements, such as tin, nickel, lead, and phosphorus, during the Pre-Qin Period (dynasties before 221 BC). From the time when bronzeware was invented, it became very popular in ancient China and there came a brand new age in the history of China: the Bronze Age.

Bronzes were quite popular from the late Neolithic Age (10,000 years ago) to the Qin and Han dynasties (221 BC—220 AD). During this time, the bronzes made in the Shang and Zhou Dynasties (from the 17th century BC to the 3rd century BC) were extraordinarily well known for their exquisite qualities and beautiful designs. The earliest bronzes were mainly small tools and ornaments. In the Xia Dynasty (between the 21th century BC and the 17th century BC), bronze vessels and bronze weapons were invented.

During the mid-term of the Shang Dynasty (from the 17th century BC to the 11th century BC), bronzes became much more elaborate and there was a much wider variety; many had inscriptions and delicate decorative patterns were carved onto them. However, the real heyday for the development of bronzes occurred during the period from the late Shang Dynasty to the early Zhou Dynasty. There was an even wider variety of bronzes during this period; some were colorful and some solemn, with gradually more and more inscriptions and intricate, decorative patterns.

Later, the main parts of the bronzes were made thinner, and the decorative patterns were gradually made simpler. From the late Spring and Autumn Period to the Warring States Period (476 BC—221 BC), as a result of the wide use of ironware, bronzeware was less widely used in people's life. Then in the Qin and Han Dynasties, porcelain and lacquer ware was invented and widely used in daily life, overtaking the importance of bronze.

As one of the most splendid cultural heritages in the Chinese history, ancient bronze art has greatly influenced the development of various Chinese Arts forms.

Plug One's Ears Whilst Stealing a Bell

A thief wanted to steal a very valuable and large bell, so he decided to smash it into pieces so that he could carry it home. But when he hit it, the loud clang surprised him and he covered his ears, thereby muffling the sound. He decided to use cloth to plug his ears, foolishly thinking it quietened the bell so that he could hit it repeatedly. Neighbours soon heard the sound and caught the thief in the act. This story vividly explains the basic principle of dialectical materialism: all things exist objectively—a fact that should not be ignored, or else you will deceive yourself and suffer the consequences.

qíng kuàng biàn huà le jiě jué wèn tí de bàn fǎ yě yào suí zhī gǎi biàn
情况变化了，解决问题的办法也要随之改变。

Kè zhōu qiú jiàn
刻舟求剑

gǔ shí hou chǔ guó yǒu yí gè rén zài tā
古时候，楚国有一个人，在他
zuò chuán guò jiāng de shí hou bù xiǎo xīn shēn shang
坐船过江的时候，不小心，身上
de yì bǎ bǎo jiàn diào jìn jiāng li qù le nà gè
的一把宝剑掉进江里去了。那个
rén bù huāng bù máng de cóng yī dài li qǔ chū yì
人不慌不忙地从衣袋里取出一
bǎ xiǎo dāo zài chuán xián shang luò xià bǎo jiàn de dì
把小刀，在船舷上落下宝剑的地
fang kè le yí gè jì hao zì yán zì yǔ de shuō
方刻了一个记号，自言自语地说：
wǒ de bǎo jiàn shì cóng zhèr diào xià qù de
“我的宝剑是从这儿掉下去的。”

tóng chuán de rén jiàn tā yì diǎnr yě bù zháo
同船的人见他一点儿也不着
jí jiù nà mèn de wèn tā wèi shén me bù gǎn
急，就纳闷地问他：“为什么不赶
kuài xià shuǐ lāo bǎo jiàn nǐ zài chuán xián shang kè gè
快下水捞宝剑？你在船舷上刻个
jì hao yǒu shén me yòng a
记号有什么用啊？”

zháo shén me jí wǒ de bǎo jiàn shì cóng zhèr
“着什么急！我的宝剑是从这儿
diào xià qù de děng chuán kào àn le wǒ zài cóng
掉下去的，等船靠岸了，我再从
zhè gè kè yǒu jì hao de dì fang tiào xià qù bǎ
这个刻有记号的地方跳下去，把
bǎo jiàn zhǎo huí lái
宝剑找回来。”

jiě jué
解决：to solve

bǎo jiàn
宝剑：treasured sword

bù huāng bù máng
不慌不忙：unhurried; calm

chuán xián
船舷：the side of a ship or boat

kè
刻：to engrave

jì hao
记号：a mark

nà mèn
纳闷：to feel baffled

lāo
捞：to retrieve

kào àn
靠岸：pull into shore

guò le yí huìr chuán kào àn le zhè gè
过了一会儿，船靠岸了，这个
rén biàn cóng kè jì hao de dì fang tiào xià shuǐ qù lāo
人便从刻记号的地方跳下水去捞
bǎo jiàn kě shì zhǎo le hěn cháng shí jiān yě méi
宝剑。可是，找了很长时间也没
yǒu zhǎo dào tóng chuán de rén dōu gǎn dào hěn kě
有找到。同船的人都感到很可
xiào yí gè rén shuō bǎo jiàn diào jìn jiāng li yǐ
笑，一个人说："宝剑掉进江里以
hòu chuán hái zài xiàng qián kāi ér bǎo jiàn chén zài
后，船还在向前开，而宝剑沉在
shuǐ dǐ shì bú huì zǒu de xiàn zài chuán lí kāi diū
水底是不会走的。现在船离开丢
jiàn de dì fang yǐ jīng hěn yuǎn le zài àn zhào kè
剑的地方已经很远了，再按照刻
zài chuán xián shang de jì hao qù zhǎo zěn me kě
在船舷上的记号去找，怎么可
néng zhǎo de dào ne
能找得到呢？"

hòu lái rén men gēn jù zhè gè gù shi gài kuò
后来人们根据这个故事概括

注释 Notes

chén
沉：to sink to the bottom

gài kuò
概括：to summarize

chū kè zhōu qiú jiàn zhè gè chéng yǔ gào jiè rén
出"刻舟求剑"这个成语，告诫人
men zuò shì qing yào cóng kè guān shí jì chū fā gēn
们做事情要从客观实际出发，根
jù shì wù de fā zhǎn biàn huà lái chǔ lǐ shì qing
据事物的发展变化来处理事情。

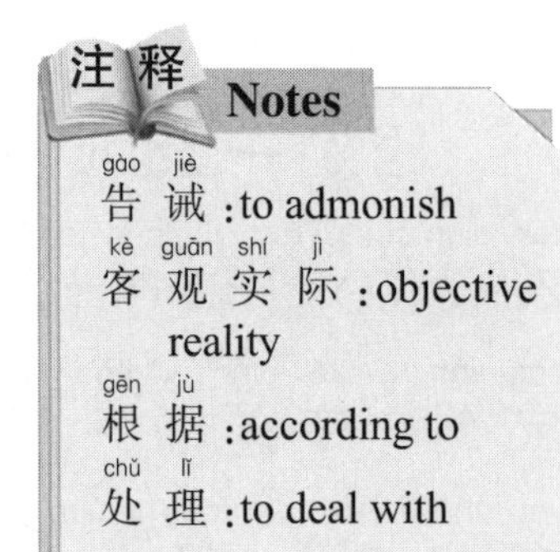

Notes

gào jiè
告诫：to admonish
kè guān shí jì
客观实际：objective reality
gēn jù
根据：according to
chǔ lǐ
处理：to deal with

zhè gè rén de bǎo jiàn diào dào shuǐ li yǐ hòu tā zuò le shén me
1. 这个人的宝剑掉到水里以后，他做了什么？
tā shì zěn yàng zhǎo bǎo jiàn de
2. 他是怎样找宝剑的？
zhè gè rén bǎ bǎo jiàn lāo shàng lái le ma wèi shén me
3. 这个人把宝剑捞上来了吗？为什么？
zhè gè chéng yǔ gù shi gào su wǒ men shén me dào lǐ
4. 这个成语故事告诉我们什么道理？

Cultural Note

The Longquan Sword

The Longquan Sword is one of China's most famous traditional craftworks, named after Longquan County in Zhejiang Province.

It is said that the Longquan sword was invented during the Spring and Autumn Period more than 2,000 years ago. It was particularly famous during the Tang Dynasty. The Longquan Sword production process is long and arduous, with twenty-eight procedures to follow. These include forging, beating, shovelling, filing, engraving, encasing, coldly quenching, and polishing. There are dozens of kinds of swords, including single-edged, double-edged, long-edged, and short-edged swords. All of them have the four traditional characteristics in common. These are toughness, sharpness, contrast of firmness and softness, and exquisite design.

The Longquan Sword is famous at home and abroad. The overseas Chinese in Southeast Asia like to hang it on the wall of their living room or at the end of their bed in order to avoid evil spirits and also for decorative purposes.

Make a Notch on the Side of a Moving Boat to Get the Sword

A man from the state of Chu was crossing a river by boat when his sword accidentally fell into the water. Immediately, he made a mark on the boat. "This is where my sword fell off," he said. When the boat stopped, he jumped into the water to look for his sword at the place where he marked the boat. People were bursting into laughter. The boat had moved but the sword had not. Is this not a foolish way to look for a sword? This story implies that we have to deal with matters according to the changed circumstances.

jīn tiān de shì qing jīn tiān zuò bú yào guò yì tiān suàn yì tiān mǎ mǎ hū hū
今天的事情今天做，不要过一天算一天，马马虎虎。

Dé guò qiě guò
得过且过

cóng qián zài wǔ tái shān shang yǒu yì zhǒng qí tè de xiǎo niǎo míng jiào hán háo niǎo tā suī rán zhǎng zhe sì zhī jiǎo què zǒu bú kuài suī rán yǒu yì shuāng chì bǎng què bú huì fēi
从前在五台山上有一种奇特的小鸟，名叫寒号鸟。它虽然长着四只脚，却走不快；虽然有一双翅膀，却不会飞。

měi nián xià tiān hán háo niǎo quán shēn huì zhǎng mǎn wǔ yán liù sè guāng cǎi duó mù de yǔ máo jì fēng mǎn yòu piào liang bǎi niǎo dōu shí fēn xiàn mù tā hán háo niǎo dé yì yáng yáng dào chù zhǎo bié de xiǎo niǎo bǐ měi tā yì biān zǒu yì biān dé yì de jiào zhe fèng huáng bù rú wǒ fèng huáng bù rú wǒ
每年夏天，寒号鸟全身会长满五颜六色、光彩夺目的羽毛，既丰满又漂亮，百鸟都十分羡慕它。寒号鸟得意洋洋，到处找别的小鸟比美。它一边走，一边得意地叫着：“凤凰不如我！凤凰不如我！”

xià qù qiū lái yǒu de niǎo fēi xiàng yáo yuǎn de nán fāng qù guò dōng liú xià de niǎo dōu máng zhe xián cǎo dā wō zhǐ yǒu hán háo niǎo réng rán dào chù yóu guàng xuàn yào tā nà shēn wǔ guāng shí sè de
夏去秋来，有的鸟飞向遥远的南方去过冬，留下的鸟都忙着衔草搭窝，只有寒号鸟仍然到处游逛，炫耀它那身五光十色的

qí tè
奇特：unique

chì bǎng
翅膀：wing

wǔ yán liù sè
五颜六色：of various colours

guāng cǎi duó mù
光彩夺目：brilliant

jì yòu
既……又：both ... and

fēng mǎn
丰满：plump; full-grown; well-developed

xiàn mù
羡慕：to envy

dé yì yáng yáng
得意洋洋：with evident pride

fèng huáng
凤凰：phoenix

yáo yuǎn
遥远：faraway

xián
衔：to hold with the mouth

dā wō
搭窝：to build a nest

réng rán
仍然：still

yóu guàng
游逛：to stroll about

xuàn yào
炫耀：to show off

wǔ guāng shí sè
五光十色：colourful

羽毛。

秋去冬来，寒风呼啸，雪花飘舞，别的鸟在秋季都换上了一身又厚又密的羽毛，而寒号鸟漂亮、丰满的羽毛全部脱落了，它就像一只没有长毛的小鸟。夜晚，全身光秃秃的寒号鸟躲在石缝里，凛冽的寒风不断吹来，冻得它浑身直打哆嗦："哆哆嗦，哆哆嗦，明天就做窝。"可是，当寒夜过去，太阳出来了，寒号鸟又忘掉

注释 Notes

呼啸：to whistle

脱落：to drop off

光秃秃：bare

缝：crevice

凛冽：extremely cold

打哆嗦：to shiver

le zì jǐ de nuò yán bù tíng de chàng zhe dé
了自己的诺言，不停地唱着：“得
guò qiě guò guò yì tiān suàn yì tiān
过且过，过一天算一天！”

hán háo niǎo shǐ zhōng méi yǒu zuò wō jiù zhè
寒号鸟始终没有做窝，就这
yàng yì tiān tiān hùn rì zi zuì hòu dòng sǐ zài wǔ
样一天天混日子，最后冻死在五
tái shān de yán shí fèng li
台山的岩石缝里。

dé guò qiě guò yuán zhǐ guò yì tiān suàn yì
“得过且过”原指过一天算一
tiān bú zuò cháng yuǎn dǎ suan xiàn zài xíng róng rén
天，不作长远打算。现在形容人
mù guāng duǎn qiǎn
目光短浅。

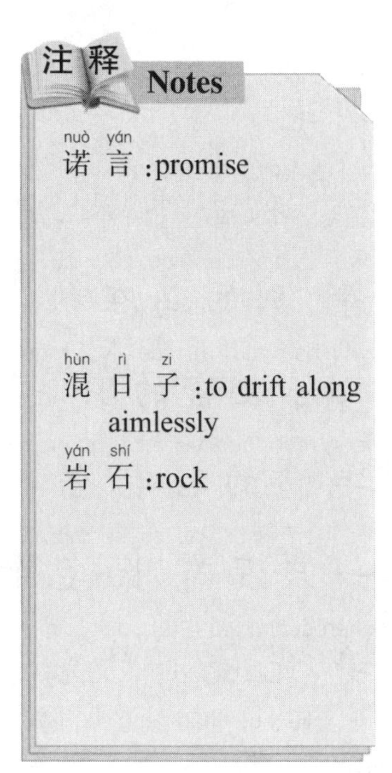

注释 Notes

nuò yán
诺言：promise

hùn rì zi
混日子：to drift along aimlessly

yán shí
岩石：rock

Question 问题

wèi shén me hán háo niǎo hěn dé yì
1. 为什么寒号鸟很得意？

hán háo niǎo wèi shén me bù tīng bié ren de quàn gào bù tīng quàn gào de jié guǒ rú hé
2. 寒号鸟为什么不听别人的劝告？不听劝告的结果如何？

zhè gè gù shi gěi wǒ men shén me qǐ shì
3. 这个故事给我们什么启示？

Cultural Note

Four Famous Buddhist Mountains

Wutai Mountain: The Wutai Mountain is one of the four famous Buddhist Mountains in China. It is situated in the north of Shanxi Province and is 230 kilometers away from Taiyuan City. It is noted for its graceful alpine natural landscapes and resplendent Buddhist culture and arts. There are a large number of Buddhist temples on the mountain.

Putuo Mountain: The Putuo Mountain is a famous Buddhist mountain in China. With a height of about 8,600 meters and a width of about 500 meters, it covers an area of 12.5 square kilometers. There are exotic gemstones, ancient caves and numerous Buddhist temples on the mountain.

E'mei Mountain: The E'mei Mountain is tall, towering, and straight, and as graceful as a ballerina. Reputed as "the grandest and most graceful in the southwest," the E'mei Mountain is located at the southwest edge of the Sichuan Basin. It is meandering in appearance "like a woman's curved eyebrow on a broad forehead": thin, long, beautiful and unique.

Jiuhua Mountain: The Jiuhua Mountain is located within the borders of Qingyang County, Anhui Province. There are numerous streams, waterfalls, exotic gemstones, ancient caves, grey pines, emerald bamboos, deep ponds, scenic areas and historic sites on the mountain, thus being reputed as "the best mountain in the southeast."

Wutai Mountain

Putuo Mountain

E'mei Mountain

Jiuhua Mountain

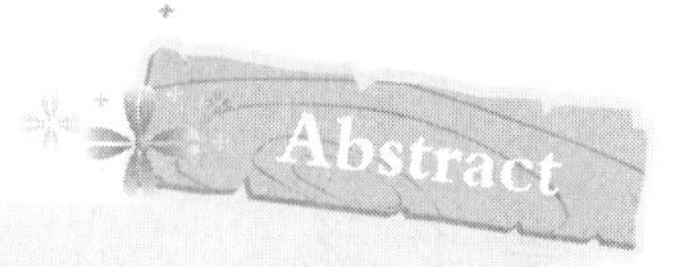

Muddle Along

It is said that there was a bird called the Hanhao bird. In summer, when she was covered with bright feathers, the bird looked very beautiful. She was so proud and exquisite that she thought even the phoenix could not be compared to her. She always sang: "The phoenix is not better than me! The phoenix is not better than me!"

When autumn arrived, some birds flew south to spend a warm winter there; and some were busy preparing their nests for the coming winter. Only the Hanhao bird loitered here and there and did nothing.

When winter came, the weather was extremely cold. By now, the beautiful feathers of the Hanhao bird had fallen off. Each night, she hid in a crevice, shivering and crying: "Cold, ah, ah cold! When morning comes, I will build a nest ah!" When the sun came out, the Hanhao bird totally forgot the cold night, and she started singing: "Muddling along! Muddling along! Below the warm sun! Below the warm sun!" Day by day, the Hanhao bird did not manage to build a nest for herself. Finally she froze to death in the crevices of the rocks.

This story tells us to make a long term plan. It also satirizes the people who are narrow-minded.

zuò shì qing zuò le yí bàn jiù fàng qì bú zuò shì yǒng yuǎn bú huì chéng
做事情，做了一半，就放弃不做，是永远不会成
gōng de
功的。

Bàn tú ér fèi
半途而废

dōng hàn shí yǒu yí wèi xián huì de nǚ zǐ
东汉时，有一位贤慧的女子，
rén men bù zhī dào tā jiào shén me míng zi zhǐ zhī
人们不知道她叫什么名字，只知
dào tā shì yuè yáng zǐ de qī zi
道她是乐羊子的妻子。

yì tiān yuè yáng zǐ zài lù shang jiǎn dào yí
一天，乐羊子在路上捡到一
kuài jīn zi huí jiā hòu bǎ tā jiāo gěi le qī zi
块金子，回家后把它交给了妻子。
qī zi shuō wǒ tīng shuō yǒu zhì xiàng de rén bù
妻子说：“我听说有志向的人不
hē dào quán de shuǐ yīn wèi tā de míng zi bù hǎo
喝盗泉的水，因为它的名字不好
tīng yě bù chī bié rén rēng guò lái de shí wù nìng
听；也不吃别人扔过来的食物，宁
kě ái è jiǎn bié rén diū shī de dōng xi jiù gèng
可挨饿。捡别人丢失的东西就更
bú yòng shuō le zhè yàng zuò huì sǔn huài míng
不用说了，这样做会损坏名
shēng yuè yáng zǐ tīng le qī zi de huà fēi
声。”乐羊子听了妻子的话，非
cháng cán kuì jiù bǎ nà kuài jīn zi rēng le rán
常惭愧，就把那块金子扔了，然
hòu dào yuǎn fāng qiú xué qù le
后到远方求学去了。

yì nián hòu yuè yáng zǐ huí lái le qī zi
一年后，乐羊子回来了。妻子

tú
途：way; road

fèi
废：to stop

xián huì
贤慧：virtuous and intelligent

zhì xiàng
志向：aspirations; an ideal; ambition

dào
盗：to steal

quán
泉：spring

nìng kě
宁可：would rather do

ái è
挨饿：to starve

sǔn huài
损坏：to damage

míng shēng
名声：reputation

cán kuì
惭愧：to feel ashamed

wèn tā wèi shén me huí jiā yuè yáng zǐ shuō chū
问他为什么回家，乐羊子说：“出
mén shí jiān cháng le hěn xiǎng jiā qī zi tīng
门时间长了很想家。”妻子听
wán ná qǐ yì bǎ dāo zǒu dào zhī bù jī qián shuō
完，拿起一把刀走到织布机前说：
zhè jī shang de juàn bó shì yòng cán jiǎn zhī chéng
“这机上的绢帛是用蚕茧织成
de yì gēn sī yì gēn sī dì jī lěi qǐ lái cái
的。一根丝一根丝地积累起来，才
yǒu yí cùn cháng yí cùn cùn de jī lěi xià qù
有一寸长；一寸寸地积累下去，
cái yǒu yí zhàng yì pǐ jīn tiān rú guǒ wǒ bǎ
才有一丈、一匹。今天如果我把
tā gē duàn yǐ qián huā de gōng fu yě jiù bái bái
它割断，以前花的工夫也就白白
làng fèi le dú shū yě shì zhè yàng nǐ měi tiān xué
浪费了。读书也是这样，你每天学
xí xīn de zhī shi bìng yì tiān tiān de bǎ tā men jī
习新的知识并一天天地把它们积
lěi qǐ lái biàn chéng nǐ zì jǐ de xué wen rú
累起来，变成你自己的学问。如

注释 Notes

zhī bù jī
织布机：a weaving machine

juàn bó
绢帛：thin silk

cán jiǎn
蚕茧：silkworm cocoon

jī lěi
积累：to accumulate

cùn
寸：a unit of length (inch)

zhàng
丈：a unit of length equal to 3 and 1/3 meters

pǐ
匹：a measure word for fabric and cloth

gē duàn
割断：to chop up

làng fèi
浪费：to waste

xué wen
学问：knowledge

guǒ bàn lù tíng xià lái hé gē duàn sī yǒu shén me liǎng yàng ne
果半路停下来，和割断丝有什么两样呢？”

yuè yáng zǐ bèi qī zi shuō de huà shēn shēn dǎ dòng le yú shì yòu huí
乐羊子被妻子说的话深深打动了，于是又回

qù jì xù xué xí yì lián qī nián dōu méi yǒu huí guò jiā
去继续学习，一连七年都没有回过家。

yuè yáng zǐ jiǎn dào jīn zi yǐ hòu shì zěn me zuò de
1. 乐羊子捡到金子以后是怎么做的？

yuè yáng zǐ xué xí yì nián hòu huí jiā tā de qī zi wèi shén me bù gāo xìng
2. 乐羊子学习一年后回家，他的妻子为什么不高兴？

nǐ zěn yàng lǐ jiě yuè yáng zǐ qī zi de huà
3. 你怎样理解乐羊子妻子的话？

Cultural Note

Chinese Silk

China is the birthplace of silk. Sericulture (the raising and keeping of silkworms for silk production) has a long and colourful history unknown to most people. According to Chinese legend, Lady Leizu, wife of the mythical Yellow Emperor Huangdi, taught her people sericulture as early as 5,000 years ago. In 138 BC, Han Emperor Wudi sent Ambassador Zhang Qian on a diplomatic mission to the west, from Chang'an to Istanbul. The route, covering 7,000 kilometers, was later used for trading and became known as the Silk Road. Many merchants, carrying various goods on camels and caravans, travelled on this route for many years.

For more than two thousand years the Chinese kept the secret of silk to themselves. It was the most zealously guarded secret in history. Eventually, however, with increased travels and trading, the secret of sericulture reached Korea just before the dawn of AD, Japan in the 4th century, India in the 6th century, and Europe in the 7th century. Nowadays, although 35 countries around the world can produce silk, China still ranks first, accounting for 50 percent of the total output.

Give Up Halfway

During East Han Dynasty, a man called Yue Yangzi lived with his kind, considerate wife. One day, Yue Yangzi found a piece of gold on the way home and gave it to his wife. But when she saw it, she was angry, and said to him: "An ambitious person will not drink the water of Thief Lake, for this would destroy his determination. Honest people will not accept charity, for it is humiliating. Surely, keeping something you found on the road will harm your reputation." On hearing this, Yue Yangzi felt ashamed of himself. He returned to the place where he had found the gold and put it back, then bid farewell to his wife and went away to study and seek wisdom.

After only one year, Yue Yangzi came back home. His wife asked him: "How could you come back after only one year's study?" He answered: "After a while, I began to miss you terribly." His wife then picked up a pair of scissors, walked over to her loom, and said: "Look at this beautiful cloth, made of the finest silk. The silk is drawn out of the cocoons. It is then spun into thread, and woven, thread by thread, very slowly, growing from a thin strip to inches, and eventually into a magnificent length of shimmering cloth. But if it is cut now, all the work put into it would be wasted. The same applies to your studies."

Yue Yangzi was deeply moved by his wife's words, and went off again to study. This time it was seven years before he returned home.

xué xí zhī shi　yào rèn zhēn zǐ xì　lǐ jiě qīng chu
学习知识，要认真仔细，理解清楚。

Hú lún tūn zǎo
囫囵吞枣

　　cóng qián yǒu gè rén kàn shū de shí hou　zǒng huì bǎ shū li de wén zhāng dà shēng niàn chū lái　kě shì tā cóng lái bú dòng nǎo jīn xiǎng yì xiǎng shū zhōng de dào lǐ　hái zì yǐ wéi kàn le hěn duō shū　xué dào le hěn duō zhī shi　dǒng de le hěn duō dào lǐ

　　从前有个人看书的时候，总会把书里的文章大声念出来，可是他从来不动脑筋想一想书中的道理，还自以为看了很多书，学到了很多知识，懂得了很多道理。

　　yǒu yí cì　yí wèi yī shēng xiàng rén men jiè shào lí hé zǎo de gōng yòng shí shuō　lí duì rén de yá chǐ yǒu yì　dàn chī duō le duì rén de pí wèi yǒu hài　zǎo zhèng hǎo xiāng fǎn　tā duì rén de pí wèi yǒu hǎo chu　dàn chī duō le duì rén de yá chǐ yǒu hài chu　zhè gè rén tīng le yǐ hòu　xiǎng le yí xià　shuō dào　wǒ yǒu gè hǎo bàn fǎ kě yǐ bì miǎn tā men de hài chu

　　有一次，一位医生向人们介绍梨和枣的功用时说：“梨对人的牙齿有益，但吃多了对人的脾胃有害；枣正好相反，它对人的脾胃有好处，但吃多了对人的牙齿有害处。”这个人听了以后，想了一下，说道：“我有个好办法可以避免它们的害处！”

　　yī shēng tīng le hěn gǎn xìng qù　wèn dào
　　医生听了很感兴趣，问道：

dòng nǎo jīn
动脑筋：to use one's brain

zǎo
枣：date

gōng yòng
功用：function

yǒu yì
有益：benefit

pí
脾：spleen

wèi
胃：stomach

hài chu
害处：harm

kuài shuō ba shì shén me hǎo bàn fǎ ne zhè
"快说吧，是什么好办法呢？"这
gè rén dé yì de shuō chī lí de shí hou zhǐ
个人得意地说："吃梨的时候，只
yòng yá chǐ jǔ jué bú yàn dào dù zi li qù jiù
用牙齿咀嚼，不咽到肚子里去，就
sǔn hài bù le wǒ de pí wèi le chī zǎo shí bú
损害不了我的脾胃了；吃枣时，不
yòng yá chǐ jǔ jué ér bǎ tā yì kǒu tūn xià qù
用牙齿咀嚼，而把它一口吞下去，
zhè yàng jiù sǔn hài bù liǎo wǒ de yá le shuō
这样就损害不了我的牙了。"说
wán tā ná qǐ zǎo jiù wǎng zuǐ li sāi jié guǒ
完，他拿起枣就往嘴里塞，结果
bèi yē zhù le
被噎住了。

páng biān de yí gè rén tīng le zhè huà rěn bú
旁边的一个人听了这话，忍不
zhù xiào le qǐ lái nǐ chī lí bú yàn cháng wèi
住笑了起来："你吃梨不咽，肠胃
méi yǒu xī shōu zěn me néng yǒu yì yú yá chǐ
没有吸收，怎么能有益于牙齿

注释 Notes

jǔ jué
咀嚼：to chew
yàn
咽：to swallow
sǔn hài
损害：to harm
sāi
塞：to stuff
yē
噎：to choke
rěn bú zhù
忍不住：can not help (doing sth.)
xī shōu
吸收：to absorb
yǒu yì yú
有益于：to be beneficial to

ne nǐ chī zǎo shí bù jǔ jué hú lún tūn xià
呢？你吃枣时不咀嚼，囫囵吞下

qù cháng wèi tóng yàng bù néng xiāo huà hé xī shōu
去，肠胃同样不能消化和吸收，

yòu zěn néng duì pí yǒu yì ne
又怎能对脾有益呢？”

hú lún shì zhěng gèr de yì si bǎ
“囫囵”是整个儿的意思。把

zǎo zhěng gèr tūn xià qù bù jiā jǔ jué bú
枣整个儿吞下去，不加咀嚼，不

biàn zī wèi jiù jiào hú lún tūn zǎo zhè gè
辨滋味，就叫“囫囵吞枣”。这个

chéng yǔ bǐ yù kàn shū xué xí bù qiú xiāo huà lǐ
成语比喻看书、学习不求消化理

jiě zhǐ shì zhào bān shū běn shang de zhī shi
解，只是照搬书本上的知识。

xiāo huà
消化：to digest

biàn
辨：to distinguish

zī wèi
滋味：taste

lí hé zǎo duì shēn tǐ gè yǒu shén me hǎo chu
1. 梨和枣对身体各有什么好处？

zhè gè rén xiǎng de bàn fǎ zhēn de hěn hǎo ma
2. 这个人想的办法真的很好吗？

wèi shén me páng biān de yí gè rén rěn bú zhù xiào le qǐ lái
3. 为什么旁边的一个人忍不住笑了起来？

nǐ xué xí de shí hou yǒu méi yǒu hú lún tūn zǎo
4. 你学习的时候，有没有“囫囵吞枣”？

Traditional Chinese Medicine

Traditional Chinese medicine generally refers to natural materials such as plants, animals and minerals, etc. that can have medicinal values. There are several thousand types. Most of these medicines have a long history of providing sufficient and reliable guarantees for the health and ongoing well-being of the Chinese nation, and are regarded as an important weapon for disease prevention and cure. It is a very significant part of traditional Chinese culture. The four methods of diagnosis include observation, auscultation and olfaction, interrogation, and pulse feeling and palpation. By routinely following this methodology, doctors can usually determine a patient's condition.

Observation: this involves observing the patient's expression, tongue coating, and the waste and excretions of the patient.

Auscultation and olfaction: this includes listening to the voice and breath, and the sound of coughing.

Interrogation: this involves directly asking about the condition of the patient, the possible causes and changing condition of the complaint, the treatment process and medical history.

Pulse feeling and palpation: doctors can determine a lot about the patient's condition by feeling the pulse and examining parts of the body by touch.

These four methods of diagnosis are still widely used today. Such treatment engenders much discussion and debate in modern Chinese medical science.

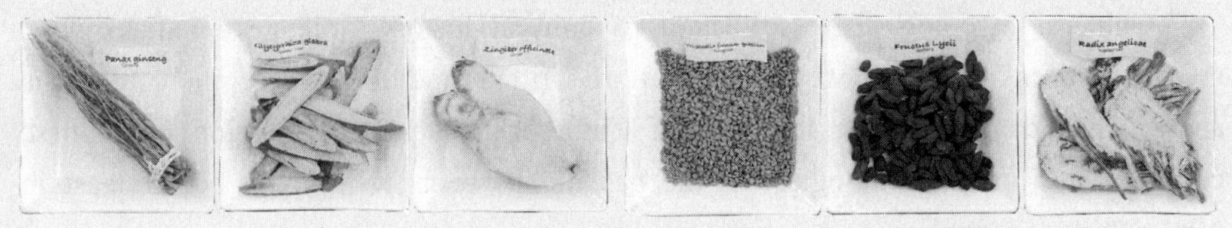

Traditional Chinese Medicinal Materials

Swallow the Dates Without Chewing Them

Once upon a time, there lived a young man who liked to read aloud, but he never thoroughly understood the meaning of his literature, or he only caught part of the importance of what he was reading, or maybe he did not grasp the importance of it at all. Yet he considered himself to be knowledgeable.

One day a doctor told him that raw pears are good for one's teeth but bad for one's spleen; on the contrary, raw dates are good for one's spleen but bad for one's teeth. Hearing those words the man said he knew a way to enjoy the nutritional benefits from both, while avoiding the negative side effects. He said to the doctor: "I could chew the pears, but not swallow them and swallow the dates without chewing them. By doing this, both my teeth and my spleen will not be hurt." He did what he said and he was choked by a date. People were laughing at him.

This joke gave rise to the idiom which refers to the lapping up of information without digesting it, or to reading without comprehending.

Unit Four

中国神话故事 Chinese Mythology Stories

Chinese mythology is a collection of cultural history, folktales, and religions that have been passed down in the oral or written tradition. These include myths and legends concerning the founding of Chinese state and the creation of Chinese culture. Like many mythologies, in the past it has been believed to be, at least in part, a factual recording of history.

Chinese mythologies have their unique charms. The content of most mythologies reflected the rich and colourful lifestyle of ancient society: *Pangu Creates the World*, and *Nüwa Creates Humans* interpret how the world came into being; *Houyi Shoots the Suns*, and *Jingwei Fills up the Ocean* reflects mankind's incessant struggle against the nature; *Gun Yu Fixes the Floods* was written in praise of the selfless devotion of the ancient Chinese. Chinese mythologies also reflected ancient people's cognition and imagination of natural, social and cultural phenomena. These fantastic stories could be regarded as romantic works in the early years of Chinese literature.

zài zhōng guó rén yǎn li, zhè gè shì jiè shì rú hé bèi chuàng zào chū lái de ne?
在中国人眼里，这个世界是如何被创造出来的呢？

Pán gǔ kāi tiān pì dì
盘古开天辟地

yuǎn gǔ de shí hou, tiān hé dì hái méi yǒu fēn kāi, dào chù shì hùn hùn dùn dùn qī hēi de yì tuán, hǎo xiàng yí gè dà jī dàn。zài dà jī dàn de lǐ miàn, zhǐ yǒu pán gǔ yí gè rén zài nà lǐ hū hū shuì dà jiào, yì zhí shuì le yí wàn bā qiān nián。
远古的时候，天和地还没有分开，到处是混混沌沌漆黑的一团，好像一个大鸡蛋。在大鸡蛋的里面，只有盘古一个人在那里呼呼睡大觉，一直睡了一万八千年。

yǒu yì tiān, tā tū rán xǐng le guò lái, zhēng yǎn yí kàn sì zhōu, ò, dào chù dōu shì hēi hū hū de, shén me yě kàn bú jiàn, pán gǔ jí de xīn li fā huāng, tā shēn chū shǒu mō le mō, mō dào le shēn biān de yì bǎ fǔ zi。yú shì jiù ná qǐ zhè bǎ fǔ zi, duì zhe zhōu wéi de kōng jiān luàn huī。yě bù zhī dào huī le duō jiǔ, tū rán "hōng" de yì shēng, zhǐ tīng jiàn shān bēng dì liè yì shēng jù xiǎng, zhè gè dà jī dàn yí xià zi liè kāi le。jǐn
有一天，他突然醒了过来，睁眼一看四周，哦，到处都是黑乎乎的，什么也看不见，盘古急得心里发慌，他伸出手摸了摸，摸到了身边的一把斧子。于是就拿起这把斧子，对着周围的空间乱挥。也不知道挥了多久，突然"轰"的一声，只听见山崩地裂一声巨响，这个大鸡蛋一下子裂开了。紧

注释 Notes

- kāi tiān pì dì 开天辟地: the creation of the world
- yuǎn gǔ 远古: ancient times
- hùn hùn dùn dùn 混混沌沌: chaos; chaotic mixing
- qī hēi 漆黑: very dark
- yì tuán 一团: a lump of
- yì zhí 一直: all along; has been
- fā huāng 发慌: get flustered
- mō 摸: to touch; find
- fǔ zi 斧子: axe
- kōng jiān 空间: space
- huī 挥: to wave
- shān bēng dì liè 山崩地裂: landslides which cause the earth to crack
- liè kāi 裂开: to split

jiē zhe yì xiē qí miào de biàn huà chū xiàn le dà
接着，一些奇妙的变化出现了：大
jī dàn li yì xiē qīng ér qīng de dōng xi màn màn
鸡蛋里一些轻而清的东西，慢慢
shàng shēng biàn chéng le tiān ér lìng yì xiē zhòng ér
上升变成了天；而另一些重而
hún zhuó de dōng xi màn màn xià chén duī jī qǐ lái
浑浊的东西，慢慢下沉堆积起来
biàn chéng le dì jiù zhè yàng tiān hé dì bèi fēn
变成了地。就这样，天和地被分
kāi le
开了。

kàn dào zì jǐ chuàng zào chū lái de qí jì
看到自己创造出来的奇迹，
pán gǔ hěn gāo xìng yí qiè bú zài hēi àn mó hu
盘古很高兴，一切不再黑暗模糊，
tā jué dé xīn li shū fu duō le tā pà tiān hé
他觉得心里舒服多了。他怕天和
dì zài hé lǒng yú shì jiù zhàn zài tiān yǔ dì zhī
地再合拢，于是就站在天与地之
jiān tóu shǐ jìn dǐng zhe tiān jiǎo pīn mìng cǎi zhe
间，头使劲顶着天，脚拼命踩着
dì bù gǎn nuó yí bù zhè shí hou tiān hé dì
地，不敢挪一步。这时候，天和地

注释 Notes

jǐn jiē zhe
紧接着：to follow on
qí miào
奇妙：wonderful

hún zhuó
浑浊：turbid; muddy
xià chén
下沉：to go down
duī jī
堆积：to accumulate

chuàng zào
创造：to create
qí jì
奇迹：miracle
mó hu
模糊：obscure; vague

hé lǒng
合拢：to fold
dǐng
顶：to hold up
cǎi
踩：to tread
nuó
挪：to move

hái zài bú duàn de biàn huà zhe pán gǔ yě suí zhe
还在不断地变化着，盘古也随着
tā men de biàn huà ér biàn huà
它们的变化而变化。

cóng nà yǐ hòu tiān měi tiān shēng gāo yí
从那以后，天每天升高一
zhàng de yě měi tiān jiā hòu yí zhàng pán gǔ de
丈，地也每天加厚一丈，盘古的
shēn tǐ yě suí zhe tiān de zēng gāo dì de jiā hòu
身体也随着天的增高、地的加厚
ér měi tiān zhǎng gāo jiù zhè yàng yì nián yòu yì
而每天长高。就这样，一年又一
nián pán gǔ de shēn tǐ zhǎng de fēi cháng fēi cháng
年，盘古的身体长得非常非常
gāo dà le jiù xiàng yì gēn dà zhù zi zài tiān yǔ
高大了，就像一根大柱子，在天与
dì zhī jiān zhī chēng zhe zhōng yú yǒu yì tiān tiān
地之间支撑着。终于有一天，天
bú zài zhǎng gāo de yě bú zài jiā hòu le tiān
不再长高，地也不再加厚了，天
dì zhōng yú dōu biàn de fēi cháng láo gù bú yòng
地终于都变得非常牢固，不用
zài dān xīn tā men huì hé lǒng le zhè shí pán gǔ
再担心它们会合拢了。这时，盘古
yǐ jīng hào jìn quán shēn lì qi tā cháng cháng de
已经耗尽全身力气，他长长地
tǔ chū yì kǒu qì màn màn de dǎo zài le dì
吐出一口气，慢慢地倒在了地
shang cóng cǐ zài yě méi yǒu zhàn qǐ lái wěi dà
上，从此再也没有站起来。伟大
de yīng xióng pán gǔ jiù zhè yàng sǐ le
的英雄盘古就这样死了。

zhè shí tā de shēn tǐ fā shēng le biàn huà
这时，他的身体发生了变化：
tā de hū xī hé shēn yín biàn chéng le lóng lóng de
他的呼吸和呻吟变成了隆隆的
léi shēng tā de zuǒ yǎn biàn chéng le tài yáng yòu
雷声；他的左眼变成了太阳，右

注释 Notes

zhàng
丈：a unit of length

zhù zi
柱子：pillar

zhī chēng
支撑：sustain

láo gù
牢固：firm and stable

hào
耗：to consume

tǔ chū
吐出：to exhale

shēn yín
呻吟：groan

léi
雷：thunder

yǎn biàn chéng le yuè liang shǒu jiǎo hé shēn qū biàn
眼变成了月亮；手脚和身躯变

chéng le dà dì hé gāo shān xiān xuè biàn chéng le
成了大地和高山；鲜血变成了

jiāng hé hú hǎi shēn shang de jīn mài biàn chéng le
江河湖海；身上的筋脉变成了

dào lù tóu fa hé hú xū biàn chéng le tiān shàng de
道路；头发和胡须变成了天上的

xīng xing pí fū hé hàn máo biàn chéng le huā cǎo hé
星星；皮肤和汗毛变成了花草和

lín mù jī ròu biàn chéng le tǔ dì yá chǐ hé
林木；肌肉变成了土地；牙齿和

gǔ tou biàn chéng le jīn shǔ hé shí tou gǔ suǐ biàn
骨头变成了金属和石头；骨髓变

chéng le zhēn bǎo hé měi yù lèi shuǐ hé hàn shuǐ biàn
成了珍宝和美玉；泪水和汗水变

chéng le yǔ lù hé gān lín hū chū de qì biàn chéng
成了雨露和甘霖；呼出的气变成

le qīng fēng hé bái yún
了轻风和白云……

jiù zhè yàng pán gǔ yòng tā de shēng mìng hé
就这样，盘古用他的生命和

shēn tǐ wèi wǒ men chuàng zào le yí gè fēng fù ér
身体为我们创造了一个丰富而

měi lì de shì jiè
美丽的世界。

Notes

shēn qū
身躯：body

jīn mài
筋脉：tendons and blood vessels

hú xū
胡须：beard

xīng xing
星星：stars

hàn máo
汗毛：body hair

jī ròu
肌肉：muscle

jīn shǔ
金属：metal

gǔ suǐ
骨髓：bone marrow

yǔ lù
雨露：rain and dew

gān lín
甘霖：rainfall

fēng fù
丰富：abundant

yuǎn gǔ shí hou shì jiè shì shén me yàng zi de
1. 远古时候，世界是什么样子的？

pán gǔ shì zěn yàng bǎ tiān hé dì fēn kāi de
2. 盘古是怎样把天和地分开的？

pán gǔ sǐ shí tā de shēn tǐ fā shēng le nǎ xiē biàn huà
3. 盘古死时，他的身体发生了哪些变化？

Cultural Note

Pangu （盘古）in Chinese mythology, was the first living being and the creator of all. He is usually depicted as a primitive, hairy giant with horns on his head and clad in furs. Pangu set about the task of creating the world: he separated *Yin* from *Yang* with a swing of his giant axe, creating the Earth(murky Yin)and the Sky(clear Yang). To keep them separate, Pangu stood between them and pushed up the Sky. This task took 18,000 years; with each passing day, the sky grew ten feet higher, the earth ten feet wider, and Pangu ten feet taller. In some versions of the story, Pangu is aided in this task by the four most prominent beasts, namely the Turtle, the Qilin, the Phoenix, and the Dragon.

Pangu Creates the World

In ancient times, the sky and the earth had not yet been separated. They were like a giant egg, all muddled together. Inside this egg, there was the ancestor, Pangu, who had been sleeping for eighteen thousand years.

One day, he woke up and found himself surrounded by darkness. He felt oppressed and started to wave an axe that he found nearby. After a while, the giant egg cracked with a loud crash. Lighter things rose up and became the sky, while heavier ones fell to form the earth.

After the split of the sky and the earth, Pangu was overjoyed, but he soon began to worry that they would somehow fold again, thus he had to stand still between them, using his strength to hold up the sky. He became taller and stronger while the sky and the earth were growing wider apart. Pangu stood like a pillar for eighteen thousand years. Finally, the sky and the earth were stable enough in their positions.By then, Pangu was exhausted. He fell down on the ground and died of overwork.

Just after his death, miracles happened. His breath became the wind and cloud, his left eye became the sun and his right eye became the moon, his hair and beard became stars, his skin and body hair became plants and trees, his body became mountains, his blood became rivers, and his bones and teeth became metals and stones.

This great hero, Pangu, gave his life to create the rich and beautiful world which we are now living in.

pán gǔ chuàng zào le shì jiè shéi chuàng zào le rén ne
盘古创造了世界，谁创造了人呢？

Nǚ wā zào rén
女娲造人

yuǎn gǔ shí qī pán gǔ cóng hùn dùn zhōng kāi pì le tiān dì dàn jiù shì wàng le zào rén
远古时期，盘古从混沌中开辟了天地，但就是忘了造人。

yǒu yí wèi shén tōng guǎng dà de nǚ shén jiào nǚ wā yǒu yì tiān tā qù dà dì xún chá kàn dào shān lǐng qǐ fú jiāng hé bēn liú cóng lín mào mì cǎo mù zhēng huī bǎi niǎo fēi míng qún shòu bēn pǎo yú xiā tiào yuè jué de zhè gè shì jiè suī rán yǐ jīng hěn měi le dàn shì hǎo xiàng hái quē diǎnr shén me
有一位神通广大的女神，叫女娲。有一天，她去大地巡查，看到山岭起伏、江河奔流、丛林茂密、草木争辉、百鸟飞鸣、群兽奔跑、鱼虾跳跃，觉得这个世界虽然已经很美了，但是好像还缺点儿什么。

yì tiān tā zuò zài hú biān tū rán cóng hú miàn shang kàn dào le zì jǐ huàng dòng de yǐng zi yú shì tā cóng hú biān wā le xiē ní tǔ huò shàng shuǐ zhào zhe zì jǐ de yǐng zi niē le qǐ lái tā xiān shì niē le yí gè ní qiú rán hòu zài shàng miàn niē chū yǎn jing bí zi zuǐ ba hé ěr
一天，她坐在湖边，突然从湖面上看到了自己晃动的影子。于是，她从湖边挖了些泥土，和上水，照着自己的影子捏了起来。她先是捏了一个泥球，然后在上面捏出眼睛、鼻子、嘴巴和耳

shén tōng guǎng dà
神通广大：magical

nǚ shén
女神：goddess

xún chá
巡查：to make an inspection

shān lǐng qǐ fú
山岭起伏：undulating hills

mào mì
茂密：dense

zhēng huī
争辉：to compete to shine

míng
鸣：to tweet

shòu
兽：animal

xiā
虾：shrimp

quē
缺：to lack

huàng dòng
晃动：to sway

wā
挖：to dig

huò
和：to mix (with)

zhào
照：according to

niē
捏：to mould

duo jiē zhe yòu niē le shēn zi zuì hòu zài jiā
朵，接着又捏了身子，最后再加
shàng shǒu hé jiǎo niē hǎo hòu nǚ wā bǎ tā fàng zài
上手和脚。捏好后女娲把它放在
dì shang zhè xiǎo dōng xi jìng rán huó le qǐ lái
地上，这小东西竟然活了起来：
tā dēng le dēng tuǐ shēn le shēn yāo rán hòu huī
他蹬了蹬腿，伸了伸腰，然后挥
wǔ zhe pàng pàng de xiǎo shǒu yí bèng yí tiào de pǎo
舞着胖胖的小手，一蹦一跳地跑
dào nǚ wā shēn biān hǎn zhe mā ma mā ma
到女娲身边，喊着“妈妈、妈妈”。
nǚ wā gāo xìng jí le tā bǎ zhè gè xiǎo dōng xi
女娲高兴极了，她把这个小东西
jiào zuò rén
叫作“人”。

tā yòu jì xù niē le hěn duō xiǎo rénr zhè
她又继续捏了很多小人儿。这
xiē xiǎo rénr sān sān liǎng liǎng de wéi zhe nǚ wā xiào
些小人儿三三两两地围着女娲笑
zhe jiào zhe shuō zhe chàng zhe tā shēn biān dùn shí
着、叫着、说着、唱着，她身边顿时

注释 Notes

jìng rán
竟然：surprisingly

dēng
蹬：to kick

shēn
伸：to stretch

bèng
蹦：to leap; to jump

dùn shí
顿时：suddenly

chōng mǎn le shēng jī nǚ wā hái xī wàng zào gèng
充满了生机。女娲还希望造更
duō de rén ràng měi gè dì fang dōu chōng mǎn huān
多的人，让每个地方都充满欢
xiào yú shì tā ná qǐ yì gēn shéng zi shēn dào
笑，于是她拿起一根绳子，伸到
huò hǎo de ní jiāng li jiǎo le jiǎo rán hòu yòng lì
和好的泥浆里搅了搅，然后用力
yì huī ní diǎn lì jí biàn chéng le yí gè gè huān
一挥，泥点立即变成了一个个欢
kuài de xiǎo rénr nǚ wā gāo xìng jí le tā jiǎo
快的小人儿。女娲高兴极了，她搅
ya huī ya hěn kuài jiù zào chū le xǔ xǔ duō duō
呀、挥呀，很快就造出了许许多多
de rén zhè xiē rén chéng qún jié duì de zǒu xiàng píng
的人。这些人成群结队地走向平
yuán gǔ dì shān lín cóng cǐ yǐ hòu dà dì
原、谷地、山林。从此以后，大地
dào chù dōu yǒu le rén
到处都有了人。

nǚ wā zào le rén yǐ hòu xīn li hěn gāo
女娲造了人以后，心里很高
xìng tā jué de yīng gāi xiū xi yí xià sì chù zǒu
兴，她觉得应该休息一下，四处走
zou kàn kan nà xiē rén de shēng huó yì tiān tā
走，看看那些人的生活。一天，她
zǒu dào yí gè dì fang fā xiàn sì zhōu hěn ān jìng
走到一个地方，发现四周很安静，
dì shang tǎng zhe bù shǎo rén yuán lái zhè shì tā
地上躺着不少人。原来这是她
zuì zǎo zào chū lái de yì pī rén tā men zhè shí
最早造出来的一批人，他们这时
tóu fā yǐ jīng biàn bái rén yě màn màn biàn lǎo
头发已经变白，人也慢慢变老，
jiàng yào sǐ qù nǚ wā kàn dào zhè zhǒng qíng kuàng
将要死去。女娲看到这种情况，
xīn li hěn zháo jí tā xiǎng wǒ zhè me xīn kǔ
心里很着急，她想：我这么辛苦

注释 Notes

shēng jī
生机：vitality

shéng zi
绳子：rope

ní jiāng
泥浆：mud

jiǎo
搅：to stir

lì jí
立即：immediately

chéng qún jié duì
成群结队：in crowds

píng yuán
平原：plain

gǔ dì
谷地：valley

pī
批：group

de zào rén zǒng bù néng sǐ yì pī zài zào yì
地造人，总不能死一批，再造一
pī yǒng yuǎn bù tíng de zào xià qù ba kàn lái yào
批，永远不停地造下去吧。看来要
ràng shì jiè shang yì zhí yǒu rén cún zài xū yào xiǎng
让世界上一直有人存在，需要想
bié de bàn fǎ
别的办法。

yú shì nǚ wā àn zhào wàn wù chuán zhǒng jiē
于是，女娲按照万物传种接
dài de fāng fǎ jiāo rén lèi shēng ér yù nǚ zì
代的方法，教人类生儿育女，自
jǐ chuàng zào hòu dài bǎ rén lèi yí dài yí dài yán
己创造后代，把人类一代一代延
xù xià qù yīn wèi nǚ wā tì rén lèi jiàn lì le
续下去。因为女娲替人类建立了
hūn yīn zhì dù zuò le rén lèi zuì zǎo de méi ren
婚姻制度，做了人类最早的媒人，
suǒ yǐ hòu rén jiāng nǚ wā fèng wéi hūn yīn zhī shén
所以后人将女娲奉为“婚姻之神”。

注释 Notes

chuán zhǒng jiē dài
传种接代：reproduction

hòu dài
后代：offspring

yán xù
延续：to continue

tì
替：for (sb.)

hūn yīn
婚姻：marriage

zhì dù
制度：system

méi ren
媒人：matchmaker

fèng wéi
奉为：to regard

1. nǚ wā shì zěn me kāi shǐ zào rén de
   女娲是怎么开始造人的？
2. nǚ wā kuài sù zào rén de fāng fǎ shì shén me
   女娲快速造人的方法是什么？
3. wèi shén me bǎ nǚ wā fèng wéi hūn yīn zhī shén
   为什么把女娲奉为“婚姻之神”？

Cultural Note

Nüwa (女娲) is a goddess in ancient Chinese mythology. By the Han Dynasty, she is described in literature, along with her husband *Fuxi*, as the first of the *San Huang*. They are often referred to as the "parents of humankind." However, paintings depicting them joined as half people-half serpent or dragon date to the Warring States Period.

Nüwa not only created mankind, but also repaired the wall of heaven. There was a quarrel between two of the more powerful gods, and they decided to settle it with a fight. When the water god, *Gonggong*, saw that he was losing, he smashed his head against Mount Buzhou(不周山), which acted as a pillar holding up the sky. The pillar collapsed and caused the sky to tilt towards the northwest and the earth to shift to the southeast. This caused great devastation: unquenchable fires, vast floods, and the appearance of fierce man-eating beasts. Nüwa cut off the legs of a giant tortoise and used them to supplant the fallen pillar, alleviating the situation. She sealed the broken sky using stones of seven different colours, but she was unable to fully correct the tilted sky. This explains the phenomenon that sun, moon, and stars move towards the northwest, and that rivers in China flow southeast into the Pacific Ocean.

Nüwa and Fuxi

Other versions of the story describe Nüwa going up to heaven and filling the gap with her body (half human-half serpent) and thus stopping the flood. According to this legend some of the minorities in South-Western China hail Nüwa as their goddess and some festivals such as the Water-Splashing Festival are in part a tribute to her sacrifices.

Nüwa Creates the Human

Pangu split the sky and earth and made a beautiful and lively place, yet he simply forgot to create human beings. Then, while cruising on the earth, the Goddess Nüwa felt lonely and believed that there was something missing on the earth. One day, Nüwa was sitting by the lake when she suddenly realized that what she needed was just a similar creature to herself. She picked up a handful of mud from the ground and began to sculpt a being like herself. She began with the torso and the limbs and then she sculpted the head, eyes, nose, mouth and ears. The little thing came alive when Nüwa put it on the ground. Nüwa named it as "human."

Nüwa worked ceaselessly to sculpt more humans, and no longer felt lonely. She also found a new way of creating humans by flicking a muddy vine. Then there were humans all over the world.

When she saw those human were gradually dying, Nüwa came to realize that she had to find other way to let them grow and thrive or else her work would be endless. She then made marriage rules for humans and thus was regarded as the Goddess of Marriage.

rú guǒ tiān kōng zhōng chū xiàn shí gè tài yáng shì jiè huì zěn me yàng ne
如果天空中出现十个太阳，世界会怎么样呢？

Hòu yì shè rì
后羿射日

yuǎn gǔ shí shì jiè céng yǒu shí gè tài yáng
远古时，世界曾有十个太阳。
zhè shí gè tài yáng dōu shì tiān dì de ér zi tā
这十个太阳都是天帝的儿子。他
men cháng cháng zài dōng hǎi xǐ zǎo xǐ wán zǎo hòu
们常常在东海洗澡，洗完澡后，
tā men xiàng xiǎo niǎo nà yàng qī xī zài yì kē dà
他们像小鸟那样栖息在一棵大
shù shang jiǔ gè tài yáng qī xī zài jiào ǎi de shù
树上，九个太阳栖息在较矮的树
zhī shang lìng yí gè tài yáng zé qī xī zài shù shāo
枝上，另一个太阳则栖息在树梢
shang dāng lí míng lái lín shí qī xī zài shù shāo
上。当黎明来临时，栖息在树梢
de nà gè tài yáng jiù zuò zhe liǎng lún chē chuān yuè
的那个太阳就坐着两轮车穿越
tiān kōng shí gè tài yáng měi tiān yí huàn lún liú
天空。十个太阳每天一换，轮流
chuān yuè tiān kōng gěi dà dì wàn wù dài qù guāng
穿越天空，给大地万物带去光
míng hé rè liàng nà shí hou rén hé dòng wù men
明和热量。那时候，人和动物们
shēng huó de fēi cháng xìng fú hé mù
生活得非常幸福和睦。

yǒu yì tiān zhè shí gè tài yáng xiǎng yào shì
有一天，这十个太阳想：要是
wǒ men néng yì qǐ chuān yuè tiān kōng yí dìng hěn yǒu
我们能一起穿越天空，一定很有
qù yú shì dāng lí míng lái lín shí shí gè tài
趣。于是，当黎明来临时，十个太

shè
射：to shoot

tiān dì
天帝：Emperor of the Heaven

qī xī
栖息：to inhabit

shù shāo
树梢：treetop

lí míng
黎明：dawn

lái lín
来临：to come

chuān yuè
穿越：to go through

lún liú
轮流：to take turns

hé mù
和睦：harmonious

yáng yì qǐ pá shàng chē shēng shàng tiān kōng shí
阳一起爬上车，升上天空。十
gè tài yáng xiàng shí gè huǒ qiú yí yàng guà zài tiān
个太阳像十个火球一样挂在天
shàng dà dì kǎo jiāo le hé liú dà hǎi gān hé
上，大地烤焦了，河流、大海干涸
le zhuāng jia kū wěi le xǔ duō rén hé dòng wù
了，庄稼枯萎了，许多人和动物
kě sǐ le
渴死了。

yǒu gè nián qīng yīng jùn de tiān shén jiào hòu
有个年轻英俊的天神叫后
yì tā shì gè gōng jiàn shǒu jiàn fǎ chāo qún xīn
羿，他是个弓箭手，箭法超群，心
dì shàn liáng tiān dì hěn xǐ huan tā shǎng cì tā
地善良，天帝很喜欢他，赏赐他
yì bǎ hóng sè de gōng hé yí dài bái sè de jiàn
一把红色的弓和一袋白色的箭。
hòu yì kàn dào rén men zài huǒ hǎi zhōng tòng kǔ de
后羿看到人们在火海中痛苦地
zhēng zhá xīn li hěn nán guò tā jué dìng yòng gōng
挣扎，心里很难过，他决定用弓
jiàn shè xià tài yáng bāng zhù rén men tuō lí huǒ
箭射下太阳，帮助人们脱离火
hǎi
海。

hòu yì lái dào dōng hǎi biān yí zuò shān de shān
后羿来到东海边一座山的山
dǐng shàng lā kāi le gōng fàng shàng le jiàn zhǔn
顶上，拉开了弓，放上了箭，准
bèi bǎ tài yáng yí gè gè shè xià lai zhè shí tā
备把太阳一个个射下来。这时，他
shēn hòu de yí wèi lǎo rén lā le lā tā de yī
身后的一位老人拉了拉他的衣
fu tí xǐng tā shuō xiǎo huǒ zi nǐ zhī dào
服，提醒他说：“小伙子，你知道
ma zhè shí gè tài yáng kě shì tiān dì de hái zi
吗？这十个太阳可是天帝的孩子

注释 Notes

kǎo jiāo 烤焦: to be burnt

gān hé 干涸: dry

kū wěi 枯萎: to wither

gōng jiàn shǒu 弓箭手: archer

chāo qún 超群: extraordinary

gōng 弓: bow

jiàn 箭: arrow

zhēng zhá 挣扎: to struggle

tuō lí 脱离: to separate oneself from

shān dǐng 山顶: top of mountain

tí xǐng 提醒: to remind

xiǎo huǒ zǐ 小伙子: young man

a nǐ yào shì shāng hài le tā men tiān dì shì
啊，你要是伤害了他们，天帝是
bú huì yuán liàng nǐ de zhè hòu yì
不会原谅你的。”“这——”后羿
fàng xià gōng jiàn yóu yù le yí xià tā tái tóu kàn
放下弓箭，犹豫了一下。他抬头看
le kàn tiān shàng nà shí gè táo qì de tài yáng yòu
了看天上那十个淘气的太阳，又
dī tóu kàn le kàn shēn hòu tòng kǔ zhēng zhá de bǎi
低头看了看身后痛苦挣扎的百
xìng xīn xiǎng wǒ jiù zuò gè shè jiàn de yàng zi
姓，心想：我就做个射箭的样子
xià hu xià hu tā men ràng tā men bú yào zài tān
吓唬吓唬他们，让他们不要再贪
wán le
玩了。

yú shì tā yòu jǔ qǐ gōng fàng shàng jiàn
于是他又举起弓，放上箭，
dà hǒu yì shēng zuò chū shè jiàn de yàng zi dàn
大吼一声，做出射箭的样子。但
shì nà shí gè tài yáng gēn běn bù lǐ huì hòu yì
是那十个太阳根本不理会后羿，
hái hā hā dà xiào wán de gèng huān ne zhè ràng
还哈哈大笑，玩得更欢呢。这让
dà dì biàn de gèng jiā zào rè le hòu yì shēng qì
大地变得更加燥热了。后羿生气
jí le tā xiàng zhe tiān kōng sōu de yí jiàn shè
极了，他向着天空，嗖地一箭射
chū qù dì yī gè tài yáng bèi shè le xià lái jiē
出去，第一个太阳被射了下来。接
zhe hòu yì yòu lián xù shè xià le bā gè tài yáng
着，后羿又连续射下了八个太阳。
zhòng le jiàn de tài yáng yí gè jiē yí gè de sǐ
中了箭的太阳一个接一个地死
qù tā men de guāng hé rè yě jiàn jiàn xiāo shī
去，他们的光和热也渐渐消失
le
了。

注释 Notes

shāng hài
伤害：to hurt

yuán liàng
原谅：to forgive

yóu yù
犹豫：to hesitate

táo qì
淘气：naughty

xià hu
吓唬：to scare

tān wán
贪玩：fond of play

bù lǐ huì
不理会：to take no notice

zào rè
燥热：very hot

lián xù
连续：continuously

zhòng jiàn
中箭：be shot by an arrow

yí gè jiē yí gè
一个接一个：one by one

jiàn jiàn
渐渐：gradually

xiāo shī
消失：to disappear

shèng xià de nà gè tài yáng hài pà jí le
剩下的那个太阳害怕极了，
tā zhǐ hǎo lǎo lǎo shí shí de àn shí zhí bān měi
他只好老老实实地按时值班，每
tiān dōng shēng xī luò cóng cǐ shì jiè wàn wù dōu
天东升西落。从此，世界万物都
huī fù le zhèng cháng hòu yì shè xià le jiǔ gè tài
恢复了正常。后羿射下了九个太
yáng zhěng jiù le wàn wù chéng wéi rén men xīn
阳，拯救了万物，成为人们心
zhōng de yīng xióng
中的英雄。

注释 Notes

lǎo lǎo shí shí
老老实实 : well-behaved

àn shí
按时 : on time

zhí bān
值班 : on duty

huī fù
恢复 : to recover

zhěng jiù
拯救 : to save

yīng xióng
英雄 : hero

yuǎn gǔ shí tiān shàng de shí gè tài yáng shì zěn yàng gōng zuò de
1. 远古时，天上的十个太阳是怎样工作的？

dāng shí gè tài yáng yì qǐ chuān yuè tiān kōng shí shì jiè fā shēng le shén me biàn huà
2. 当十个太阳一起穿越天空时，世界发生了什么变化？

hòu yì shì zěn yàng shè xià jiǔ gè tài yáng de
3. 后羿是怎样射下九个太阳的？

nǐ rèn wéi hòu yì wèi shén me méi yǒu shè zuì hòu nà gè tài yáng
4. 你认为后羿为什么没有射最后那个太阳？

Cultural Note

Houyi (后羿) also called *Yiyi*(夷羿)or simply *Yi*, was a mythological Chinese archer and the leader of *Dongyi*. He is sometimes portrayed as a god of archery, descended from heaven to aid mankind, and sometimes as the chief of the *Youqiong* Tribe(有穷氏)during the reign of King *Tai Kang* of the Xia Dynasty. His wife, Chang'e, was a lunar deity.

Sun Crow (阳乌) in Chinese mythology and culture, is described as a three-legged crow. It is also called the Sanzuwu (三足乌), which represents the Sun in many myths. The earliest known depiction of a three-legged crow appears in the Neolithic pottery of the Yangshao Culture. The three legs also symbolize the concepts of Heaven, Human, and Earth(天、人、地).

Houyi Shoots the Suns

There used to be ten suns in the universe and they took turns to appear, bringing light and warmth to people on the earth. One day, they got the funny idea of showing up together in the sky, which of course caused a catastrophe on earth. People and other organisms struggled painfully in the flames and were dying.

At that time, there was a young, famous, handsome god called Houyi, who was gifted at archery. He sympathized with the people's suffering and decided to rescue the whole planet from this torture.

Since the suns were children of the Emperor of the Heaven, Houyi at first just posed to scare them, but they simply paid no attention to him. People could bear no more and Houyi had no choice but to shoot the suns down. He quickly shot nine suns, leaving the last one shivering in fear in the sky. From then on, the remaining sun did his duty in an ordered way.

People admired Houyi very much and praised him for his heroic deeds.

nǐ zhī dào zhōng qiū jié shì zěn me lái de ma
你知道中秋节是怎么来的吗？

Cháng é bēn yuè
嫦娥奔月

hòu yì shè xià le jiǔ gè tài yáng, lì le dà gōng, shòu dào bǎi xìng de zūn jìng hé ài dài。dàn dāng tā xīng fèn de xiàng tiān dì huì bào shí, tiān dì què mèn mèn bú lè de shuō:"suī rán nǐ duì bǎi xìng yǒu gōng, kě shì nǐ shè sǐ le wǒ de jiǔ gè ér zi, wǒ yí kàn dào nǐ, jiù huì xiǎng qǐ tā men。nǐ hái shì hé nǐ de qī zi cháng é biàn chéng fán rén, dào rén jiān qù zhù ba。"

后羿射下了九个太阳，立了大功，受到百姓的尊敬和爱戴。但当他兴奋地向天帝汇报时，天帝却闷闷不乐地说："虽然你对百姓有功，可是你射死了我的九个儿子，我一看到你，就会想起他们。你还是和你的妻子嫦娥变成凡人，到人间去住吧。"

hòu yì huí jiā hòu bǎ zhè jiàn shìr gào su le qī zi cháng é。cháng é nán guò jí le, tā mán yuàn hòu yì:"shén xiān biàn chéng le fán rén, jiù bù néng cháng shēng bù sǐ le, wǒ kě bù xiǎng biàn lǎo sǐ qù。"hòu yì ān wèi qī zi shuō:"méi guān xi, wǒ tīng shuō yù shān zhù zhe yí wèi wáng mǔ niáng niang, tā yǒu cháng shēng bù sǐ yào。

后羿回家后把这件事儿告诉了妻子嫦娥。嫦娥难过极了，她埋怨后羿："神仙变成了凡人，就不能长生不死了，我可不想变老死去。"后羿安慰妻子说："没关系，我听说玉山住着一位王母娘娘，她有长生不死药。

注释 Notes

- lì gōng 立功：perform a meritorious deed
- zūn jìng 尊敬：respect
- ài dài 爱戴：love
- xīng fèn 兴奋：excited
- huì bào 汇报：report
- mèn mèn bú lè 闷闷不乐：unhappy; depressed
- bǎi xìng 百姓：people
- fán rén 凡人：human beings
- rén jiān 人间：human world
- mán yuàn 埋怨：to complain
- shén xiān 神仙：supernatural
- cháng shēng bù sǐ 长生不死：immortal
- ān wèi 安慰：comfort
- wáng mǔ niáng niang 王母娘娘：the Queen of Heaven

wǒ men kě yǐ zhǎo tā yào liǎng fèn zuò bù liǎo shén
我们可以找她要两份，做不了神
xiān dàn kě yǐ cháng shēng bù sǐ a
仙，但可以长生不死啊。”

dì èr tiān yì zǎo hòu yì bēi shàng gōng jiàn
第二天一早，后羿背上弓箭，
qí shàng mǎ dào yù shān qù le tīng le hòu yì de
骑上马到玉山去了。听了后羿的
zāo yù wáng mǔ niáng niang hěn tóng qíng tā mǎ
遭遇，王母娘娘很同情他，马
shàng gěi le tā liǎng fèn cháng shēng bù sǐ yào
上给了他两份长生不死药。

hòu yì ná dào yào xīng fèn de huí dào jiā
后羿拿到药，兴奋地回到家
zhōng xiǎng hé cháng é yì qǐ bǎ yào chī le dàn
中，想和嫦娥一起把药吃了。但
zhè shí yǒu rén jiào tā chū qù bàn diǎnr shìr
这时有人叫他出去办点儿事儿，
hòu yì jiù ràng cháng é bǎ yào xiān shōu qǐ lái děng
后羿就让嫦娥把药先收起来，等
tā huí lái zài yì qǐ chī
他回来再一起吃。

hòu yì zǒu hòu cháng é kàn zhe yào xiǎng
后羿走后，嫦娥看着药想：
zhè yào chī yí fèn néng cháng shēng bù sǐ rú guǒ
“这药吃一份能长生不死，如果
chī liǎng fèn shuō bú dìng néng biàn chéng shén xiān huí
吃两份，说不定能变成神仙，回
dào tiān shàng shēng huó le yú shì tā dǎ kāi
到天上生活了。”于是，她打开
yào bāo bǎ liǎng fèn yào quán chī le cháng é gāng
药包，把两份药全吃了。嫦娥刚
chī le yào shēn zi jiù màn màn de piāo lí dì
吃了药，身子就慢慢地飘离地
miàn xiàng tiān shàng fēi qù
面，向天上飞去。

hòu yì bàn wán shìr gāo gāo xìng xìng de huí
后羿办完事儿，高高兴兴地回

注释 Notes

zāo yù
遭遇：experience

tóng qíng
同情：to sympathize

shuō bú dìng
说不定：maybe

piāo lí
飘离：to fly away

jiā yí jìn mén kàn dào zhuō zi shang de yào bāo kōng
家，一进门看到桌子上的药包空

le cháng é yě bú jiàn le tā jí máng pǎo chū
了，嫦娥也不见了。他急忙跑出

qù zhǐ kàn jiàn yí gè shú xī de shēn yǐng xiàng tiān
去，只看见一个熟悉的身影向天

shàng piāo qù hòu yì zhī dào zhè yí dìng shì cháng
上飘去。后羿知道这一定是嫦

é tā shāng xīn jí le
娥，他伤心极了！

zhè shí cháng é hái zài wǎng shàng shēng tā
这时嫦娥还在往上升。她

xiǎng qù nǎr hǎo ne tā tái tóu wàng le
想：“去哪儿好呢？”她抬头望了

wàng jiǎo jié de míng yuè wǒ dào yuè gōng li qù
望皎洁的明月：“我到月宫里去

zhù ba nàr yí dìng shì gè měi lì de dì
住吧，那儿一定是个美丽的地

fang yú shì cháng é jiù xiàng yuè gōng fēi qù
方。”于是，嫦娥就向月宫飞去。

yí dào yuè gōng cháng é jiù hòu huǐ le yuè gōng
一到月宫，嫦娥就后悔了。月宫

注释 Notes

jí máng
急忙：quickly

shú xī
熟悉：familiar

jiǎo jié
皎洁：bright

lǐ shí fēn lěng qing chú le yì zhī bái tù yì zhī
里十分冷清，除了一只白兔、一只
chán chú hé yì kē guì shù yǐ wài shén me yě méi
蟾蜍和一棵桂树以外，什么也没
yǒu cháng é gǎn dào shí fēn jì mò tā shì duō
有。嫦娥感到十分寂寞，她是多
me xiǎng tā de zhàng fu xiǎng tā de jiā xiǎng rè
么想她的丈夫，想她的家，想热
nao de rén jiān a dàn shì yǐ jīng wǎn le tā zhǐ
闹的人间啊！但是已经晚了，她只
néng yǒng yuǎn zhù zài lěng qing de yuè gōng li le
能永远住在冷清的月宫里了。

zài rén jiān shēng huó de hòu yì hěn xiǎng niàn
在人间生活的后羿很想念
cháng é cháng cháng zài yè lǐ wàng zhe tiān kōng hū
嫦娥，常常在夜里望着天空呼
huàn qī zi de míng zi bā yuè shí wǔ de wǎn
唤妻子的名字。八月十五的晚
shang tā fā xiàn yuè liang gé wài míng liàng shàng
上，他发现月亮格外明亮，上
miàn hái yǒu gè huàng dòng de shēn yǐng fēi cháng xiàng
面还有个晃动的身影非常像
cháng é yú shì tā zài hòu huā yuán li bǎi fàng
嫦娥。于是，他在后花园里摆放
shàng cháng é zuì ài chī de diǎn xin hé shuǐ guǒ yáo
上嫦娥最爱吃的点心和水果，遥
jì zì jǐ xīn zhōng yì zhí juàn liàn zhe de qī zi
祭自己心中一直眷恋着的妻子。

bǎi xìng men tīng dào cháng é bēn yuè chéng xiān
百姓们听到嫦娥奔月成仙
de xiāo xi hòu yě xiào fǎng hòu yì bā yuè shí wǔ
的消息后，也效仿后羿，八月十五
de wǎn shang zài yuè xià bǎi fàng diǎn xin shuǐ guǒ
的晚上在月下摆放点心、水果，
xiàng cháng é qí qiú jí xiáng píng ān cóng cǐ bā
向嫦娥祈求吉祥平安。从此，八

注释 Notes

- 冷清 (lěng qing): deserted
- 蟾蜍 (chán chú): toad
- 桂树 (guì shù): laurel (tree)
- 寂寞 (jì mò): lonely
- 呼唤 (hū huàn): to call
- 格外 (gé wài): extremely
- 摆放 (bǎi fàng): to display
- 点心 (diǎn xin): snacks
- 遥祭 (yáo jì): to offer sacrifice from far away
- 眷恋 (juàn liàn): be sentimentally attached to (a place or person)
- 效仿 (xiào fǎng): to imitate; to follow
- 祈求 (qí qiú): to pray
- 吉祥 (jí xiáng): good luck
- 平安 (píng ān): safety

yuè shí wǔ bài yuè shǎng yuè de fēng sú jiù zài mín
月十五拜月赏月的风俗就在民
jiān màn màn de chuán kāi le zhè jiù shì zhōng qiū
间慢慢地传开了，这就是中秋
jié de yóu lái
节的由来。

cháng é wèi shén me mán yuàn hòu yì
1. 嫦娥为什么埋怨后羿？
hòu yì wèi shén me qù zhǎo wáng mǔ niáng niang
2. 后羿为什么去找王母娘娘？
cháng é kàn dào cháng shēng bù sǐ yào hòu zuò le shén me
3. 嫦娥看到长生不死药后做了什么？
cháng é dào yuè gōng shēng huó hòu wèi shén me hòu huǐ
4. 嫦娥到月宫生活后为什么后悔？
bǎi xìng wèi shén me yào zài zhōng qiū jié bài yuè shǎng yuè
5. 百姓为什么要在中秋节拜月赏月？

Cultural Note

Zhongqiu Festival (**中秋节**) is also called the Mid-Autumn Festival, is a popular harvest festival celebrated by the Chinese, dating back over 3,000 years to moon worship in the Shang Dynasty. The Mid-Autumn Festival is held on the 15th day of the eighth month in the Chinese calendar, which is in September or early October in the Gregorian calendar. It is a date that parallels the autumnal equinox of the solar calendar, when the moon is at its fullest and roundest.

Zhongqiu Festival is one of the most important holidays in the Chinese calendar. Traditionally on this day, Chinese family members and friends gather together to admire the bright mid-autumn harvest moon, and eat mooncakes. Accompanying the celebration, there are a number of additional cultural or regional customs:

Mooncakes

- Carrying brightly lit lanterns, lighting lanterns on towers, and floating sky lanterns.
- Burning incense in reverence to deities including Chang'e.
- Preparing for the Mid-Autumn Festival by hanging lanterns on the bamboo poles and putting them in high places, such as rooftops, trees, and terraces.
- Collecting dandelion leaves and distributing them evenly among family members.
- Performing Fire Dragon Dances.

Chang'e Flees Toward the Moon

After Houyi shot down the nine suns, he returned to the heavenly court to report to the Emperor of Heaven. The emperor was upset to see him because Houyi reminded him of his dead sons. He decided to send him down to live on earth.

When Houyi told his wife Chang'e about this, she blamed him. Chang'e then said: "Now we've been deprived of our immortality." Houyi went to see the Goddess of Heaven and got two doses of elixirs.

Houyi rushed home and was just about to eat the elixirs with Chang'e when someone called him outside. He asked Chang'e to put the elixirs aside so that they could take them together later.

However, Chang'e took both doses with the hope that she might become a goddess again. As soon as she took the elixirs, she began to float up. Houyi came back and was shocked and saddened by this scene. Chang'e decided to live on the moon. But once she got there, she found there was only a rabbit, a toad and a tree on the moon. Chang'e felt lonely, but she could never return to earth.

Houyi missed Chang'e so much that he often looked at the moon in the sky. In addition, he put her favorite snacks and fruits in his garden on the 15th of August (luner calendar), when the moon was full and bright. When people heard Chang'e became a goddess and lived on the moon, they followed Houyi in praying for Chang'e , the moon, and for good luck every year in August.

yì zhī niǎo néng bǎ dà hǎi tián píng ma
一只鸟能把大海填平吗？

Jīng wèi tián hǎi
精卫填海

chuán shuō yán dì de xiǎo nǚ ér shàn liáng kě
传说炎帝的小女儿善良可
ài míng zi jiào nǚ wá yán dì bǎ tā kàn zuò
爱，名字叫女娃，炎帝把她看作
zhǎng shàng míng zhū
掌上明珠。

nǚ wá cóng xiǎo jiù yǒu yí gè mèng xiǎng xī
女娃从小就有一个梦想，希
wàng néng jiàn dào wú biān de dà hǎi tā fēi cháng
望能见到无边的大海，她非常
xī wàng fù qīn néng dài tā dào dōng hǎi tài
希望父亲能带她到东海——太
yáng shēng qǐ de dì fang qù kàn yí kàn kě shì yīn
阳升起的地方去看一看。可是因
wèi fù qīn měi tiān dōu hěn máng zǒng shì bù néng dài
为父亲每天都很忙，总是不能带
tā qù
她去。

xiǎo nǚ hái yì tiān tiān zhǎng dà le zhōng yú
小女孩一天天长大了，终于
yǒu yì tiān tā jué de zì jǐ néng zhǎo dào dōng
有一天，她觉得自己能找到东
hǎi yú shì qiāo qiāo de lí kāi le jiā yí gè
海，于是，悄悄地离开了家，一个
rén lái dào dōng hǎi biān zuò shàng yì zhī xiǎo chuán
人来到东海边，坐上一只小船
xiàng hǎi lǐ huá qù huá zhe huá zhe hǎi shang tū
向海里划去。划着划着，海上突
rán guā qǐ le kuáng fēng xiān qǐ le dà làng nǚ
然刮起了狂风，掀起了大浪，女

shàn liáng
善良：kind-hearted

zhǎng shàng míng zhū
掌上明珠：a pearl in hand (to describe a beloved daughter)

mèng xiǎng
梦想：dream and willingness

huá
划：to row (a boat)

guā
刮：to blow

xiān
掀：to raise; start

làng
浪：wave

wá xiǎng diào zhuǎn chuán tóu huá xiàng àn biān kě shì
娃想掉转船头划向岸边，可是
fēng làng tài dà le bù guǎn tā zěn me yòng lì
风浪太大了，不管她怎么用力，
xiǎo chuán jiù shì kòng zhì bú zhù tū rán yí gè
小船就是控制不住。突然，一个
dà làng xiàng shān yí yàng bǎ nǚ wá de chuán dǎ
大浪像山一样，把女娃的船打
fān le ruò xiǎo de nǚ wá luò rù hǎi zhōng hěn kuài
翻了。弱小的女娃落入海中，很快
jiù méi le lì qi màn màn de chén rù le dà hǎi
就没了力气，慢慢地沉入了大海。

nǚ wá sǐ le tā de líng hún biàn chéng le
女娃死了，她的灵魂变成了
yì zhī xiǎo niǎo huā nǎo dai bái zuǐ ké hóng jiǎo
一只小鸟：花脑袋，白嘴壳，红脚
zhuǎ zǒng shì fā chū hěn bēi shāng de jīng wèi jīng
爪，总是发出很悲伤的“精卫、精
wèi de jiào shēng suǒ yǐ rén men bǎ zhè zhī xiǎo
卫”的叫声。所以，人们把这只小
niǎo jiào zuò jīng wèi
鸟叫作“精卫”。

jīng wèi tòng hèn wú qíng de dà hǎi duó qù le
精卫痛恨无情的大海夺去了
zì jǐ nián qīng de shēng mìng wèi le bào fù tā
自己年轻的生命，为了报复，她
jué dìng bǎ dà hǎi tián píng yīn cǐ tā bù tíng de
决定把大海填平。因此，她不停地
cóng shān shang xián lái xiǎo shí zǐ hé xiǎo shù zhī
从山上衔来小石子和小树枝，
cóng zǎo dào wǎn yí tàng yòu yí tàng bù zhī pí
从早到晚，一趟又一趟，不知疲
juàn de fēi dào dōng hǎi rán hòu bǎ shí zi shù zhī
倦地飞到东海，然后把石子、树枝
tóu dào hǎi lǐ qù xī wàng néng bǎ dà hǎi tián
投到海里去，希望能把大海填
píng
平。

注释 Notes

diào zhuǎn 掉转：turn around
àn biān 岸边：shore
bù guǎn 不管：no matter
kòng zhì 控制：to control
fān 翻：to turn over
líng hún 灵魂：soul
zhuǎ 爪：claw
tòng hèn 痛恨：extremely detest
wú qíng 无情：cold-hearted
duó qù 夺去：to take away
bào fù 报复：to revenge
pí juàn 疲倦：tiredness

dà hǎi cháo xiào tā xiǎo niǎor suàn le
大海嘲笑她：“小鸟儿，算了
ba nǐ zhè yàng jiù shì gàn yì bǎi wàn nián yě bù
吧，你这样就是干一百万年，也不
néng bǎ wǒ tián píng nǐ yě bú kàn kan nǐ zì jǐ
能把我填平！你也不看看你自己
cái duō dà de néng lì
才多大的能力……”

jīng wèi huí dá nǎ pà shì gàn shàng yì qiān
精卫回答：“哪怕是干上一千
wàn nián yí wàn wàn nián gàn dào yǔ zhòu de jìn
万年、一万万年，干到宇宙的尽
tóu shì jiè de mò rì wǒ zǒng yǒu yì tiān huì bǎ
头、世界的末日，我总有一天会把
nǐ tián píng de
你填平的！”

shǎ niǎor nǐ wèi shén me zhè me hèn wǒ
“傻鸟儿，你为什么这么恨我
ne dà hǎi wèn
呢？”大海问。

yīn wèi nǐ duó qù le wǒ nián qīng de shēng
“因为你夺去了我年轻的生
mìng nǐ yǐ hòu hái huì duó qù gèng duō wú gū de
命，你以后还会夺去更多无辜的

注释 Notes

cháo xiào
嘲笑：to laugh at

suàn le
算了：to forget about it

nǎ pà
哪怕：even if

yǔ zhòu
宇宙：universe

wú gū
无辜：innocent

shēng mìng suǒ yǐ wǒ yào bǎ nǐ tián chéng píng dì
生命，所以我要把你填成平地，
bú ràng nǐ zài wēi hài bié ren
不让你再危害别人！”

yì zhī hǎi yàn fēi guò dōng hǎi shí wú yì jiān
一只海燕飞过东海时无意间
kàn jiàn le jīng wèi bèi tā de xíng wéi suǒ gǎn dòng
看见了精卫，被她的行为所感动，
yǔ tā jié chéng le fū qī tā men shēng le hěn
与她结成了夫妻，他们生了很
duō xiǎo niǎo cí de xiàng jīng wèi xióng de xiàng hǎi
多小鸟，雌的像精卫，雄的像海
yàn zhè xiē hái zi hé tā men de fù mǔ yí yàng
燕。这些孩子和他们的父母一样，
yě qù xián shí tou hé shù zhī tián hǎi zhí dào jīn
也去衔石头和树枝填海。直到今
tiān tā men hái zài jiān chí bú xiè de zuò zhe zhè
天，他们还在坚持不懈地做着这
gè gōng zuò
个工作。

注释 Notes

wēi hài
危害：to harm

hǎi yàn
海燕：petrol

wú yì
无意：inadvertent; accidental

jiān chí bù xiè
坚持不懈：to persevere

nǚ wá cóng xiǎo de mèng xiǎng shì shén me
1. 女娃从小的梦想是什么？

nǚ wá zài hǎi shang fā shēng le shén me shìr
2. 女娃在海上发生了什么事儿？

nǚ wá sǐ hòu biàn chéng le shén me wèi le bào fù dà hǎi tā zuò le shén me
3. 女娃死后变成了什么？为了报复大海，她做了什么？

jīng wèi tián hǎi de gù shi chuán dá le shén me jīng shen
4. “精卫填海”的故事传达了什么精神？

Cultural Note

Yandi(炎帝)and Huangdi(黄帝)

Chinese people often refer to themselves as the descendants of the legendary heroes,Yandi and Huangdi. Over 4,000 years ago, there lived many clans and tribes in the Yellow River Valley. Among them were the two most prominent tribes, led by Huangdi and Yandi.

Legend has it that Chigou's tribe attacked Yandi's tribe to enlarge his territory. The latter was defeated, and turned to Huangdi for help. Huangdi allied himself with Yandi, and defeated

Chiyou's tribe at a place called Zhuolu (in Hebei Province). During the battle, a dense mist descended, and there was much confusion. However, on his chariot, Huangdi had an instrument which constantly pointed south. In this way, he rallied the allied forces. Finally Chiyou was captured and killed.

After the battle of Zhuolu, conflicts arose between the tribes of Yandi and Huangdi for control of all the tribes. At last, Huangdi prevailed, and ruled over all the tribes of the Central Plains. Eventually, they merged their languages, customs, production methods, and living habits to form the Huaxia people.

The Huaxia people were the predecessors of the Han people, and the principal part of the Chinese nation. Chinese people often call themselves the descendants of Yandi and Huangdi(炎黄子孙).

Yandi

Huangdi

Jingwei Fills Up the Ocean

Once upon a time, Yandi had a beloved youngest daughter, whose name was Nüwa. She was such a lovely girl, and Yandi adored her very much.

One day, Nüwa went to the East Sea, as she had always wished to see the place where the sun rises. Since her father was busy doing his work, she went there by herself without letting her father know. She was rowing a boat towards to the East Sea when suddenly the sky became dark. When waves toppled over Nüwa's boat, she struggled to grab something but failed and soon died.

Her soul turned into a small bird, which was named "Jingwei" because of its sad tweet in a similar sound. Jingwei hated the sea for taking away her life and was desperate to seek revenge. She collected stones and branches from the mountains and dropped them into East Sea, wishing to fill it up.

The sea laughed at her, and said: "Look at you. You are such a tiny thing. You would never be able to finish this work." Jingwei was not frustrated at all and she replied: "Till the end of the world, I will keep doing this just to prevent people from getting drowned." Jingwei's great determination and perseverance touched a petrel bird which was just passing by. They married and had offspring, who continued their parents' work, dropping the branches and stones into the East Sea.

hóng shuǐ yān mò le dà dì shì shéi jiě jiù le bǎi xìng
洪水淹没了大地，是谁解救了百姓？

Gǔn yǔ zhì shuǐ
鲧禹治水

sì qiān duō nián yǐ qián zhèng shì yáo dì zài
四千多年以前，正是尧帝在
wèi de shí hou rén jiān fā le yí cì dà hóng shuǐ
位的时候，人间发了一次大洪水。
jù shuō shì tiān dì kàn jiàn dì shàng de bǎi xìng zǒng
据说是天帝看见地上的百姓总
zuò cuò shìr hěn shēng qì suǒ yǐ jiù gěi rén jiān
做错事儿，很生气，所以就给人间
jiàng xià dà hóng shuǐ yǐ cǐ lái chéng fá tā men
降下大洪水，以此来惩罚他们。

hóng shuǐ kě pà jí le dà dì biàn chéng le
洪水可怕极了，大地变成了
wāng yáng tián dì bèi yān mò le rén men méi yǒu
汪洋。田地被淹没了，人们没有
chī de fáng zi bèi huǐ le lǎo bǎi xìng méi yǒu le
吃的；房子被毁了，老百姓没有了
zhù chù dú shé měng shòu sì chù luàn pǎo shāng hài
住处；毒蛇猛兽四处乱跑，伤害
rén hé shēng chù rén men de shēng huó fēi cháng kùn
人和牲畜。人们的生活非常困
nán
难。

chéng fá bǎi xìng shì tiān dì de jué dìng qí
惩罚百姓是天帝的决定，其
tā de shén bù néng gàn shè tā men dà duō yě bú
他的神不能干涉。他们大多也不
tài guān xīn rén jiān de jí kǔ zhǐ gù zì jǐ kuài
太关心人间的疾苦，只顾自己快
lè de shēng huó zhǐ yǒu yí gè jiào gǔn de shén
乐地生活。只有一个叫鲧的神，

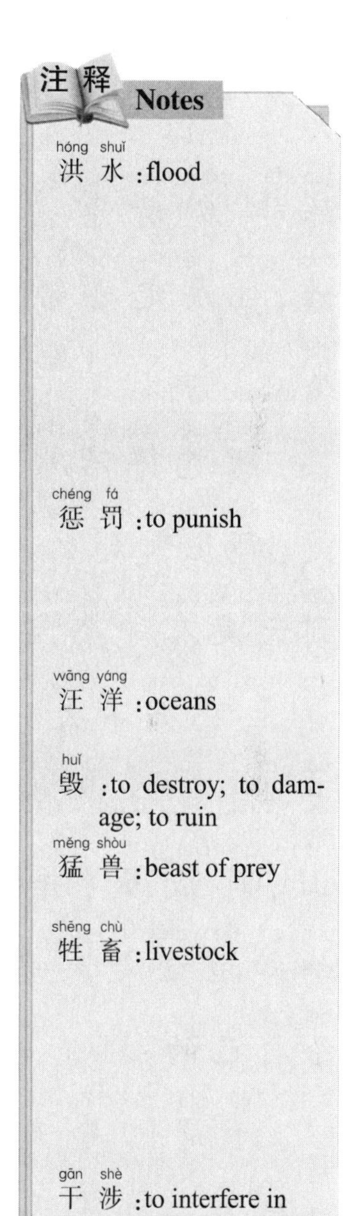

注释 Notes

hóng shuǐ
洪水：flood

chéng fá
惩罚：to punish

wāng yáng
汪洋：oceans

huǐ
毁：to destroy; to damage; to ruin

měng shòu
猛兽：beast of prey

shēng chù
牲畜：livestock

gān shè
干涉：to interfere in

jí kǔ
疾苦：sufferings

gù
顾：to attend to

tā shì tiān dì de sūn zi tā zhēn xīn de tóng qíng
他是天帝的孙子，他真心地同情
lǎo bǎi xìng wèi bǎi xìng dān yōu tā céng duō cì qǐng
老百姓，为百姓担忧。他曾多次请
qiú tiān dì bǎ hóng shuǐ shōu huí qù dàn gù zhí de
求天帝把洪水收回去。但固执的
tiān dì bú dàn bù tīng ér qiě hái xùn chì le gǔn
天帝不但不听，而且还训斥了鲧。
gǔn fēi cháng zháo jí kàn zhe shòu kǔ de lǎo bǎi
鲧非常着急，看着受苦的老百
xìng tā jué dìng yào bāng zhù tā men zhì lǐ hǎo hóng
姓，他决定要帮助他们治理好洪
shuǐ
水。

gǔn jué de zhì shuǐ yào yòng tǔ qù dǎng kě
鲧觉得治水要用土去挡。可
shì nǎr lái nà me duō tǔ ne tā tū rán xiǎng
是，哪儿来那么多土呢？他突然想
dào tiān tíng yǒu yí gè bǎo wù jiào zuò xī rǎng tā
到天庭有一个宝物，叫做息壤。它
kàn shàng qù bìng bú dà kě shì zhǐ yào yì tóu xiàng
看上去并不大，可是只要一投向
dà dì jiù huì hěn kuài de shēng zhǎng duī chéng
大地，就会很快地生长，堆成
shān zhù chéng dī bìng qiě shēng zhǎng bù xī dàn
山，筑成堤，并且生长不息。但
gǔn zhī dào zhè shì tiān dì de bǎo wù shì bú huì
鲧知道这是天帝的宝物，是不会
gěi zì jǐ de
给自己的。

yú shì tā chèn tiān tíng shǒu wèi shū hu bǎ
于是他趁天庭守卫疏忽，把
xī rǎng tōu le chū lái gǔn lái dào rén jiān bǎ xī
息壤偷了出来。鲧来到人间，把息
rǎng wǎng hóng shuǐ fàn làn de dì fang yì tóu xī rǎng
壤往洪水泛滥的地方一投，息壤
lì kè xùn sù shēng zhǎng hóng shuǐ zhǎng yì mǐ
立刻迅速生长。洪水涨一米，

注释 Notes

dān yōu
担忧：to worry

gù zhí
固执：stubborn

xùn chì
训斥：to reprove

zhì lǐ
治理：to govern

dǎng
挡：to block

tóu
投：to throw; to cast

dī
堤：dam

shēng zhǎng bù xī
生长不息：to grow endlessly

chèn
趁：to seize (the opportunity)

tiān tíng
天庭：court of heaven

shū hu
疏忽：negligence

fàn làn
泛滥：to overflow

xī rǎng jiù zhǎng yì mǐ hóng shuǐ zhǎng shí mǐ xī
息壤就长一米；洪水涨十米，息
rǎng jiù zhǎng shí mǐ hěn kuài hóng shuǐ jiù bèi dǎng zài
壤就长十米，很快洪水就被挡在
dà dī zhī wài le dàn zhè shí tiān dì zhī dào le
大堤之外了。但这时，天帝知道了
xī rǎng bèi tōu de shì tā fēi cháng fèn nù rèn
息壤被偷的事，他非常愤怒，认
wéi gǔn shì tiān tíng de pàn tú háo bù yóu yù de
为鲧是天庭的叛徒，毫不犹豫地
pài huǒ shén bǎ gǔn shā le duó huí le xī rǎng xī
派火神把鲧杀了，夺回了息壤。息
rǎng yì chè hóng shuǐ lì jí fǎn pū guò lái chōng
壤一撤，洪水立即反扑过来，冲
kuǎ le dà dī
垮了大堤。

gǔn bèi shā le dàn yīn wèi tā zhì shuǐ de yuàn
鲧被杀了，但因为他治水的愿
wàng méi yǒu shí xiàn suǒ yǐ tā de líng hún bìng méi
望没有实现，所以他的灵魂并没
yǒu sǐ sān nián guò qù le tā de shī tǐ dōu méi
有死。三年过去了，他的尸体都没
yǒu fǔ làn ér qiě dù zi li hái yùn yù le yí
有腐烂。而且，肚子里还孕育了一
gè xīn de shēng mìng zhè jiù shì tā de ér zi
个新的生命，这就是他的儿子
yǔ yǔ zài gǔn de dù zi li shēng zhǎng zhe biàn
禹。禹在鲧的肚子里生长着、变
huà zhe xī shōu le fù qīn de quán bù shén lì
化着，吸收了父亲的全部神力。

tīng shuō gǔn de shī tǐ sān nián bú làn tiān dì
听说鲧的尸体三年不烂，天帝
hài pà jí le yú shì jiù pài le yí gè tiān shén
害怕极了，于是就派了一个天神
yòng bǎo dāo pōu kāi le gǔn de dù zi zhè shí hou
用宝刀剖开了鲧的肚子。这时候，
gǔn de ér zi yǔ jiù cóng fù qīn de dù zi li tiào
鲧的儿子禹就从父亲的肚子里跳

注释 Notes

愤怒 (fèn nù): indignant
叛徒 (pàn tú): traitor
毫不犹豫 (háo bù yóu yù): not hesitate at all
撤 (chè): to withdraw
立即 (lì jí): immediately
反扑 (fǎn pū): to counterattack
冲垮 (chōng kuǎ): to wash away
尸体 (shī tǐ): corpse
腐烂 (fǔ làn): to become rotten
孕育 (yùn yù): to give life; to breed
生命 (shēng mìng): life
剖开 (pōu kāi): to cut open

le chū lái
了出来。

yǔ yào jì xù fù qīn méi yǒu wán chéng de shì
禹要继续父亲没有完成的事

yè jiù qù tiān tíng qiú jiàn tiān dì tiān dì bèi yǔ
业，就去天庭求见天帝。天帝被禹

zhì lǐ hóng shuǐ de jué xīn gǎn dòng le yú shì dā
治理洪水的决心感动了，于是答

ying bǎ xī rǎng gěi tā bìng pài shén lóng bāng zhù yǔ
应把息壤给他，并派神龙帮助禹

yì qǐ wèi bǎi xìng zhì lǐ hóng shuǐ
一起为百姓治理洪水。

yǔ lái dào zhì shuǐ de dì fang tā yì kāi shǐ
禹来到治水的地方。他一开始

yě xiàng fù qīn yí yàng yòng dǔ de bàn fǎ kě shì
也像父亲一样用堵的办法，可是

xiū hǎo dà dī zhī hòu bèi dǔ de hóng shuǐ fǎn ér
修好大堤之后，被堵的洪水反而

wēi lì gèng dà hěn kuài jiù jiāng dà dī chōng kuǎ
威力更大，很快就将大堤冲垮

le shì le hěn duō cì hòu dà yǔ zhōng yú míng
了。试了很多次后，大禹终于明

注释 Notes

shì yè
事业：undertaking

jué xīn
决心：determination

dǔ
堵：block up

wēi lì
威力：power

bai le yí gè dào lǐ guāng dǔ shì bù xíng de
白了一个道理："光堵是不行的，
hái yào shū tōng yú shì dà yǔ jiào shén lóng yòng
还要疏通。"于是，大禹叫神龙用
wěi ba zài dì shang huà xiàn rán hòu ràng rén yán zhe
尾巴在地上画线，然后让人沿着
xiàn wā gōu chéng qú bǎ hóng shuǐ yǐn rù dà hǎi
线挖沟成渠，把洪水引入大海。
zhè xiē gōu qú jiù chéng le wǒ men jīn tiān de jiāng
这些沟、渠就成了我们今天的江
hé
河。

wèi le zhì shuǐ yǔ sì chù bēn bō tā céng
为了治水，禹四处奔波。他曾
jīng sān cì jīng guò jiā mén dōu méi yǒu jìn qù zhè
经三次经过家门，都没有进去。这
yàng jīng guò shí sān nián de nǔ lì yǔ zhōng yú jiāng
样经过十三年的努力，禹终于将
hóng shuǐ zhì lǐ hǎo wán chéng le gǔn de yí yuàn
洪水治理好，完成了鲧的遗愿。
tā bù jǐn bǎ hóng shuǐ yǐn dào dà hǎi li qù ér
他不仅把洪水引到大海里去，而
qiě hái xiū jiàn le qú dào ràng bǎi xìng men yòng hé
且还修建了渠道，让百姓们用河
shuǐ guàn gài zhuāng jia
水灌溉庄稼。

hòu rén dōu chēng zàn yǔ zhì shuǐ de gōng jì
后人都称赞禹治水的功绩，
zūn chēng tā wéi dà yǔ
尊称他为大禹。

注释 Notes

- guāng 光：only
- shū tōng 疏通：to clear; to unplug
- gōu 沟：ditch
- qú 渠：canal
- bēn bō 奔波：be busy running about
- jīng guò 经过：to pass by
- yí yuàn 遗愿：dying wishes
- guàn gài 灌溉：to irringate
- zhuāng jia 庄稼：crop
- chēng zàn 称赞：to praise
- gōng jì 功绩：merits; achievement

1. gǔn wèi shén me yào bāng zhù bǎi xìng men zhì lǐ hóng shuǐ
鲧为什么要帮助百姓们治理洪水？
2. xī rǎng zhè gè bǎo wù yǒu shén me zuò yòng
息壤这个宝物有什么作用？
3. yǔ cǎi yòng shén me bàn fǎ lái zhì shuǐ
禹采用什么办法来治水？
4. yǔ zhì shuǐ qǔ dé le nǎ xiē gōng jì
禹治水取得了哪些功绩？

Cultural Note

Yao(尧)Shun(舜)Yu(禹)

It is said that after Emperor Huangdi, there appeared three famous tribe leaders: Yao, Shun and Yu.

Often extolled as the morally perfect sage-king, Yao's benevolence and diligence served as a model to future Chinese monarchs and emperors. According to legend, Yao became the ruler at 20 and died at 119 when he passed his throne to Shun. Under the rule of Emperor Yao, Shun was appointed successively Minister of Instruction, General Regulator, and Chief of the Four Peaks, and put all affairs in proper order within three years. Yao was so impressed that he appointed Shun as his successor to the throne. Shun wished to decline in favor of someone more virtuous, but eventually assumed Yao's duties.

Yu was the legendary founder of the Xia Dynasty that began in 2205 BC. He is best remembered for teaching the people techniques to tame rivers and lakes during an epic flood. The Xia era would also go down as the first dynasty in what would later become China with his son Qi following after his reign. Yu is one of the few Chinese rulers posthumously honoured with the appellation "the Great."

Early Chinese often spoke of Yao, Shun and Yu as historical figures; contemporary historians believe they may represent leader-chiefs of allied tribes who established a unified and hierarchical system of government in a transition period to the patriarchal feudal society. In the Book of History, one of the Five Classics, the initial chapters deal with Yao, Shun, and Yu.

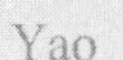

Yao

Shun

Yu

Gun Yu Fixes the Floods

In Emperor Yao's era, the God of the Heaven started a terrible flood on earth as punishment for people's bad behaviour. None of the gods cared except Gun who was sympathetic to the people on earth. He begged his grandfather, the Emperor of the Heaven, to take the flood back, but his grandfather would not heed what he said.

Gun stole a treasure called Xirang, an ever-growing soil, which could form mountains and dikes wherever it was thrown. Gun blocked the floods and saved the people, but his grandfather was furious about Gun's betrayal and had Gun killed. The floods returned and the people again lived in turmoil.

Three years after his death, Gun's corpse had still not decomposed. His wish hadn't been fulfilled, so his spirit wouldn't die. Inside Gun's body, his son grew absorbing all the magic power of his father. The Emperor of Heaven heard about this and sent people to destroy Gun's body. A person jumped out of Gun's stomach and this was Gun's son — Yu, who then continued his father's unfinished work.

Yu went straight to see the Emperor of Heaven who was finally persuaded by Yu. He granted Yu the Xirang, and also a magic dragon to assist him. Yu improved his father's method with a new strategy of leading the floods through channels rather than just blocking them and eventually completed his father's unfinished work of taming the floods. People appreciated his achievement and called him "Great Yu."

Unit Five

中国民间故事 Chinese Folk Stories

Chinese folklore includes songs, dances, puppetry, and tales. It often tells stories of human nature, historical or legendary events, love, and the supernatural, or stories explaining natural phenomena and distinctive landmarks. The main influences on Chinese folk tales have been Taoism, Confucianism and Buddhism. Some folk tales may have arrived from India or West Asia along with Buddhism; others have no known western counterparts, but are widespread throughout East Asia.

The Chinese folk stories are popularized among Chinese and have been deeply rooted as a part of culture in Chinese people's life. And folk stories are part of Chinese folk literature, which can be taken as a mirror to reflect the traditional living styles, values, customs, and festivals of ordinary Chinese. In this unit, six interesting folk stories are selected as representatives to guide you on a tour to the wonderland of truth, conscience and beauty.

Niú láng zhī nǚ yǔ qī xī jié de gù shi
牛郎织女与七夕节的故事

cóng qián niú jiā zhuāng yǒu gè cōng míng zhōng hòu de xiǎo huǒ zi jiào niú láng yóu yú fù mǔ hěn zǎo jiù qù shì le tā gēn zhe gē ge sǎo zi shēng huó sǎo zi fēi cháng hěn dú cháng cháng nüè dài tā wèi le bǎ niú láng gǎn chū jiā mén tā xiǎng jìn le gè zhǒng bàn fǎ yì tiān sǎo zi ràng tā qù fàng niú gěi le tā jiǔ tóu niú què ràng tā dài shí tóu niú huí jiā

从前,牛家庄有个聪明、忠厚的小伙子叫牛郎。由于父母很早就去世了,他跟着哥哥、嫂子生活。嫂子非常狠毒,常常虐待他。为了把牛郎赶出家门,她想尽了各种办法。一天,嫂子让他去放牛,给了他九头牛,却让他带十头牛回家。

niú láng yí gè rén gǎn zhe niú jìn le shān shān shang yǒu shù lín hé cǎo dì tā zuò zài shù xià tàn qì zěn yàng cái néng dài shí tóu niú huí jiā ne zhè shí yǒu wèi bái hú zi lǎo yé ye zǒu le guò lái wèn tā wèi shén me tàn qì niú láng shuō sǎo zi ràng wǒ dài shí tóu niú huí jiā dàn wǒ zhǐ yǒu jiǔ tóu niú wǒ gāi zěn me bàn ne

牛郎一个人赶着牛进了山,山上有树林和草地,他坐在树下叹气:“怎样才能带十头牛回家呢?”这时,有位白胡子老爷爷走了过来,问他为什么叹气。牛郎说:“嫂子让我带十头牛回家,但我只有九头牛,我该怎么办呢?”

注释 Notes

qíng rén jié
情人节:Valentine's Day

zhōng hòu
忠厚:honest

sǎo zi
嫂子:sister-in-law

hěn dú
狠毒:vicious

nüè dài
虐待:to abuse; to ill-treat

gǎn chū
赶出:to kick out

lǎo yé ye tīng le xiào zhe duì tā shuō bié nán
老爷爷听了，笑着对他说：“别难
guò zài fú niú shān li yǒu yì tóu shēng bìng de lǎo
过，在伏牛山里有一头生病的老
niú nǐ qù hǎo hāo wèi yǎng tā děng lǎo niú bìng
牛，你去好好喂养它，等老牛病
hǎo yǐ hòu nǐ jiù kě yǐ bǎ tā dài huí jiā le
好以后，你就可以把它带回家了。”

niú láng pá guò jǐ zuò shān zǒu le hěn yuǎn
牛郎爬过几座山，走了很远
de lù zhōng yú zhǎo dào le nà tóu shēng bìng de
的路，终于找到了那头生病的
lǎo niú lǎo niú bìng de hěn lì hai niú láng qù gěi
老牛。老牛病得很厉害，牛郎去给
lǎo niú gē le yì kǔn cǎo lián xù wèi le tā sān
老牛割了一捆草，连续喂了它三
tiān lǎo niú chī bǎo le tū rán tái qǐ tóu shuō qǐ
天。老牛吃饱了，突然抬起头说起
huà lái wǒ shì tiān shàng de huī niú xiān rén yīn
话来：“我是天上的灰牛仙人，因
wèi chù fàn le tiān guī bèi biǎn dào rén jiān shuāi duàn
为触犯了天规被贬到人间，摔断
le tuǐ bù néng dòng le wǒ de shāng xū yào yòng
了腿，不能动了。我的伤需要用
bǎi huā de lù shui xǐ yí gè yuè cái néng hǎo niú
百花的露水洗一个月才能好。”牛
láng bú pà xīn kǔ bái tiān cǎi huā shang de lù shui
郎不怕辛苦，白天采花上的露水
wèi lǎo niú liáo shāng wǎn shang zài lǎo niú shēn biān
为老牛疗伤，晚上在老牛身边
shuì jiào niú láng xì xīn de zhào gù le lǎo niú yí
睡觉。牛郎细心地照顾了老牛一
gè yuè lǎo niú bìng hǎo hòu niú láng gāo gāo xìng xìng
个月。老牛病好后，牛郎高高兴兴
de gǎn zhe shí tóu niú huí jiā le
地赶着十头牛回家了。

sǎo zi jiàn niú láng zhēn de dài le shí tóu niú
嫂子见牛郎真的带了十头牛

wèi yǎng
喂养：to feed

lì hai
厉害：seriously

chù fàn
触犯：to violate (the law)

tiān guī
天规：rules of heaven

biǎn
贬：to relegate

lù shui
露水：dew

liáo shāng
疗伤：to treat an injury

zhào gù
照顾：to take care of

huí jiā hěn chà yì yě hěn shēng qì yǐ hòu
回家，很诧异，也很生气。以后，
sǎo zi yòu yòng le xiē bàn fǎ xiǎng bǎ niú láng gǎn chū
嫂子又用了些办法想把牛郎赶出
jiā mén dàn shì dōu bèi lǎo niú yī yī huà jiě le
家门，但是都被老牛一一化解了。
yǒu yí cì sǎo zi chèn lǎo niú qù hé biān hē shuǐ
有一次，嫂子趁老牛去河边喝水，
wū xiàn niú láng tōu jiā li de mǐ bǎ niú láng gǎn
诬陷牛郎偷家里的米，把牛郎赶
chū le jiā mén niú láng kěn qiú sǎo zi bǎ nà tóu
出了家门。牛郎恳求嫂子把那头
lǎo niú sòng gěi tā zuò bàn sǎo zi tóng yì le
老牛送给他做伴，嫂子同意了。

cóng cǐ yǐ hòu niú láng jiù hé lǎo niú xiāng
从此以后，牛郎就和老牛相
yī wéi mìng yì tiān tiān shàng de qī gè xiān nǚ
依为命。一天，天上的七个仙女
yì qǐ dào rén jiān yóu wán qù hé li xǐ zǎo lǎo
一起到人间游玩，去河里洗澡。老
niú bǎ niú láng dài dào hé biān duǒ zài yì kē shù
牛把牛郎带到河边，躲在一棵树
hòu lǎo niú ràng niú láng qù tōu yí gè xiān nǚ de
后。老牛让牛郎去偷一个仙女的
yī fu dāng xiān nǚ men xǐ wán zǎo hòu gè gè
衣服。当仙女们洗完澡后，个个
dōu chuān shàng le yī fu zhǐ yǒu zuì xiǎo de qī xiān
都穿上了衣服，只有最小的七仙
nǚ zhī nǚ fā xiàn zì jǐ de yī fu bú jiàn
女——织女发现自己的衣服不见
le shí fēn zháo jí tā de jiě jie men tīng dào
了，十分着急。她的姐姐们听到
tiān tíng de zhōng shēng bù dé bù yí gè gè de fēi
天庭的钟声，不得不一个个地飞
huí le tiān tíng zhǐ liú xià zhī nǚ yí gè rén zài
回了天庭，只留下织女一个人在
hé biān shāng xīn de kū qì zhè shí lǎo niú ràng niú
河边伤心地哭泣。这时老牛让牛

注释 Notes

chà yì
诧异：to be surprised

huà jiě
化解：to solve

chèn
趁：to take advantage of an opportunity

wū xiàn
诬陷：to implicate; to frame somebody

kěn qiú
恳求：to plead

zuò bàn
做伴：to accompany

xiāng yī wéi mìng
相依为命：to be dependent on each other to live

xiān nǚ
仙女：fairy

láng bǎ yī fu huán gěi zhī nǚ yuán lái zhè qī gè
郎把衣服还给织女。原来这七个
xiān nǚ dōu shì tiān dì hé wáng mǔ niáng niang de nǚ
仙女都是天帝和王母娘娘的女
ér zhī nǚ shì zuì xiǎo zuì piào liang hé zuì shàn
儿，织女是最小、最漂亮和最善
liáng de yí wèi yīn wèi cuò guò le huí tiān tíng de
良的一位。因为错过了回天庭的
shí jiān zài yě huí bú qù le suǒ yǐ zhī nǚ hěn
时间，再也回不去了，所以织女很
shāng xīn niú láng jué de nèi jiù jí le yīn cǐ
伤心。牛郎觉得内疚极了，因此
bǎ zhī nǚ dài huí jiā hǎo hāo de zhào gù tā jiǔ
把织女带回家，好好地照顾她。久
ér jiǔ zhī zhī nǚ fā xiàn niú láng shì yí gè rè
而久之，织女发现牛郎是一个热
qíng shàn liáng de xiǎo huǒ zi liǎng gè rén xiāng ài
情、善良的小伙子，两个人相爱
bìng jié le hūn
并结了婚。

niú láng hé zhī nǚ jié hūn yǐ hòu nán gēng
牛郎和织女结婚以后，男耕
nǚ zhī gǎn qíng hěn hǎo tā men shēng le yì nán
女织，感情很好。他们生了一男
yì nǚ liǎng gè hái zi yì jiā rén shēng huó de hěn
一女两个孩子，一家人生活得很
xìng fú zhī nǚ jué de rén jiān de shēng huó fēi cháng
幸福。织女觉得人间的生活非常
měi hǎo zài yě bù xiǎng huí tiān tíng le dàn shì zhè
美好，再也不想回天庭了。但是这
jiàn shìr bèi tiān dì zhī dào le yīn wèi shén xiān
件事儿被天帝知道了，因为神仙
bù néng yǔ fán rén jié hūn suǒ yǐ tā ràng wáng mǔ
不能与凡人结婚，所以他让王母
niáng niang qīn zì dào rén jiān qiáng xíng bǎ zhī nǚ dài
娘娘亲自到人间，强行把织女带
huí tiān shàng
回天上。

注释 Notes

错过 (cuò guò): to miss

内疚 (nèi jiù): guilty

照顾 (zhào gù): to take care of

久而久之 (jiǔ ér jiǔ zhī): in the course of time

热情 (rè qíng): warm; euthusiastic

耕 (gēng): to plough

织 (zhī): to weave

亲自 (qīn zì): in person

强行 (qiáng xíng): to enforce

niú láng méi bàn fǎ shàng tiān fēi cháng shāng
牛郎没办法上天，非常伤

xīn lǎo niú gào su niú láng zài tā sǐ hòu kě
心。老牛告诉牛郎，在它死后，可

yǐ yòng tā de pí zuò chéng xié chuān zhe jiù kě
以用它的皮做成鞋，穿着就可

yǐ shàng tiān le niú láng àn zhào lǎo niú de huà zuò
以上天了。牛郎按照老牛的话做

le chuān shàng niú pí zuò de xié qiān zhe zì jǐ
了，穿上牛皮做的鞋，牵着自己

de ér nǚ yì qǐ chéng zhe yún duǒ shàng tiān qù zhuī
的儿女，一起乘着云朵上天去追

zhī nǚ yǎn kàn jiù kuài zhuī dào le wáng mǔ niáng
织女。眼看就快追到了，王母娘

niang bá xià tóu shang de jīn zān zài miàn qián yí huá
娘拔下头上的金簪在面前一划，

yì tiáo tiān hé chū xiàn le niú láng hé zhī nǚ bèi fēn
一条天河出现了，牛郎和织女被分

gé zài tiān hé de liǎng àn zhǐ néng miàn duì miàn kū
隔在天河的两岸，只能面对面哭

qì dàn tā men de ài qíng gǎn dòng le xǐ què qiān
泣。但他们的爱情感动了喜鹊，千

注释 Notes

jīn zān
金簪: golden hairpin

huà
划: to scratch

fēn gé
分隔: to separate

xǐ què
喜鹊: magpie

wàn zhī xǐ què fēi lái dā chéng le yí zuò qiáo
万只喜鹊飞来，搭成了一座桥。
niú láng zhī nǚ zhōng yú zài què qiáo shang jiàn miàn
牛郎织女终于在鹊桥上见面
le zhè yì tiān shì nóng lì qī yuè qī rì yǐ hòu
了，这一天是农历七月七日。以后
měi nián qī yuè qī rì xǐ què men dōu huì fēi lái
每年七月七日，喜鹊们都会飞来
dā qiáo zhè tiān yě shì niú láng hé zhī nǚ xiàng huì
搭桥，这天也是牛郎和织女相会
de rì zi
的日子。

hòu lái rén men bǎ zhè yì tiān jiào zuò qī
后来，人们把这一天叫做“七
xī jié huò qī qiǎo jié shì qíng rén xiāng huì
夕节”或“七巧节”，是情人相会、
biǎo dá ài mù zhī qíng de rì zi zhè jiù shì zhōng
表达爱慕之情的日子。这就是中
guó qíng rén jié de yóu lái
国情人节的由来。

注释 Notes

dā qiáo
搭桥：to build a bridge

nóng lì
农历：lunar calendar

xiàng huì
相会：to meet each other

ài mù zhī qíng
爱慕之情：love and affection

yóu lái
由来：source

niú láng hé zhī nǚ shì zěn me rèn shi de
1. 牛郎和织女是怎么认识的？
niú láng hé zhī nǚ wèi shén me bù néng zài yì qǐ
2. 牛郎和织女为什么不能在一起？
niú láng hé zhī nǚ zuì hòu xiāng jiàn le ma
3. 牛郎和织女最后相见了吗？
nǐ néng yòng zì jǐ de huà jiǎn dān shuō yí xià zhōng guó qíng rén jié de yóu lái ma
4. 你能用自己的话简单说一下中国情人节的由来吗？

Qixi Festival（七夕节）

The Qixi is also known as the Magpie Festival and Chinese Valentine's Day. It falls on the seventh day of the seventh lunar month on the Chinese calendar. Qixi originates from the Han Dynasty. It came from people's worship of the stars. On Qixi, a festoon is placed in the yard and single or newly married women in the household make an offering, consisting of fruit, flowers, tea, and facial powder (makeup), to Niulang and Zhinü. After finishing the

offering, half of the facial powder is thrown on the roof and the other half divided among the young women of the household. It is believed that by doing this, the women will be as beauty as Zhinü. Another tradition is for young girls to throw a sewing needle into a bowl full of water on the night of Qixi as a test of embroidery skills. If the needle floats on top of the water instead of sinking, it proves the girl is a skilled embroideress. Single women also pray for finding a good husband in the future. And the newly married women pray to be pregnant quickly in the future.

The Story of Niulang and Zhinü

A young cowherd named Niulang lived with his elder brother and sister-in-law. His sister-in-law did not like him and wanted to kick him out of the family. One day, she gave Niulang nine oxen, but asked him to bring back ten oxen. Niulang was very sad and thought he could never come back with ten oxen. Fortunately, an old man told him that there was a sick ox in the woods which Niulang could bring back. Niulang went and cured the old ox and brought him back home.

His sister-in-law was surprised. She kept trying to think of ways to get rid of Niulang. Eventually, Niulang left home with the old ox. With the help of his ox, Niulang stole the clothes of Zhinü — the seventh daughter of the Emperor and Queen of Heaven, when she was taking bath in the river. Zhinü fell in love with Niulang, and they got married without the knowledge of the gods. Zhinü proved to be a wonderful wife, and Niulang to be a good husband. They lived happily and had two children. But the god eventually found out that Zhinü had married a human being. He was furious and sent his wife to bring Zhinü back to heaven. On Earth, Niulang was very upset that his wife was taken back to heaven. His ox told him to use his skin to make a pair of shoes, telling him that once he wears this pair of shoes, he will be able to go up to Heaven to find his wife. After the ox died, Niulang put on the skin shoes, and carried his two beloved children off to Heaven to look for Zhinü. The goddess discovered this and was very angry. Taking out her hairpin, the goddess of Heaven scratched a wide river in the sky to separate the two lovers forever. But once a year, on the seventh night of the seventh moon, all the magpies in the world take pity on them and fly up into heaven to form a bridge, so that the lovers may be together for a single night. From then on, the seventh night of the seventh moon became the Chinese Valentine's Day.

nǐ zhī dào zhōng guó de cháng chéng ma nǐ zhī dào guān yú cháng chéng de chuán
你知道中国的长城吗？你知道关于长城的传
shuō ma
说吗？

Mèng jiāng nǚ kū cháng chéng
孟姜女哭长城

qín cháo de shí hou yǒu yí hù xìng mèng de
秦朝的时候，有一户姓孟的
rén jiā zhǒng le yì kē guā miáo guā yāng shùn zhe
人家，种了一棵瓜苗，瓜秧顺着
qiáng pá dào lín jū jiāng jiā jié le yí gè guā guā
墙爬到邻居姜家结了一个瓜。瓜
shú le yì biān zài mèng jiā yì biān zài jiāng jiā
熟了，一边在孟家，一边在姜家，
suǒ yǐ liǎng jiā rén jiù bǎ guā pōu kāi yí kàn lǐ
所以两家人就把瓜剖开，一看，里
miàn yǒu gè yòu bái yòu pàng de xiǎo gū niang yú shì
面有个又白又胖的小姑娘，于是
jiù gěi tā qǐ le gè míng zi jiào mèng jiāng nǚ
就给她起了个名字叫孟姜女。
mèng jiāng nǚ zhǎng dà hòu měi lì cōng míng dà jiā
孟姜女长大后，美丽聪明，大家
dōu hěn xǐ huan tā
都很喜欢她。

zhè shí hou qín shǐ huáng kāi shǐ dào chù zhuā
这时候，秦始皇开始到处抓
zhuàng dīng xiū cháng chéng yǒu yí gè jiào fàn xǐ liáng
壮丁修长城。有一个叫范喜良
de dú shū rén cóng jiā li táo le chū lái tā kǒu
的读书人从家里逃了出来。他口
hěn kě xiǎng zhǎo diǎn shuǐ hē hū rán tīng jiàn rén
很渴，想找点水喝，忽然听见人
de hǎn shēng hé mǎ de jiào shēng yuán lái zhè lǐ
的喊声和马的叫声，原来这里

zhèng zài zhuā rén ne tā lái bù jí pǎo jiù fān
正在抓人呢！他来不及跑，就翻
guò le páng biān de yì dǔ ǎi qiáng yuán lái zhè
过了旁边的一堵矮墙。原来这
qiáng hòu miàn jiù shì mèng jiā de hòu huā yuán zhè
墙后面就是孟家的后花园。这
shí hou mèng jiāng nǚ zhèng zài huā yuán li sàn bù
时候，孟姜女正在花园里散步，
hū rán kàn jiàn fàn xǐ liáng tā gāng xiǎng hǎn fàn
忽然看见范喜良，她刚想喊，范
xǐ liáng jí máng shuō xiǎo jiě bié hǎn wǒ shì
喜良急忙说："小姐，别喊！我是
táo nàn de jiù jiu wǒ ba
逃难的，救救我吧！"

mèng jiāng nǚ yí kàn fàn xǐ liáng shì gè dú shū
孟姜女一看，范喜良是个读书
rén de yàng zi zhǎng de hěn yīng jùn duì tā yí jiàn
人的样子，长得很英俊，对他一见
zhōng qíng hòu lái liǎng rén jié hūn le
钟情。后来两人结婚了。

jié hūn hái bú dào sān tiān tū rán chuǎng jìn
结婚还不到三天，突然闯进
lái yì huǒ guān bīng bǎ fàn xǐ liáng zhuā qù xiū
来一伙官兵，把范喜良抓去修
cháng chéng le
长城了。

mèng jiāng nǚ měi tiān pàn zhe zhàng fū huí lái
孟姜女每天盼着丈夫回来，
kě shì guò le yì nián lián yì fēng xìn dōu méi yǒu
可是过了一年，连一封信都没有。
mèng jiāng nǚ hěn dān xīn tā lián xù jǐ gè wǎn
孟姜女很担心，她连续几个晚
shang bú shuì jiào wèi zhàng fu zuò yī fu jué dìng qīn
上不睡觉为丈夫做衣服，决定亲
zì qù cháng chéng zhǎo zhàng fu tā zhěng lǐ hǎo xíng
自去长城找丈夫。她整理好行
li gào bié le fù mǔ yì zhí wǎng běi zǒu è
李，告别了父母，一直往北走，饿

注释 Notes

lái bù jí
来不及：have no time
fān
翻：to climb over
qiáng
墙：wall
táo nàn
逃难：to flee from a disaster
yīng jùn
英俊：handsome
yí jiàn zhōng qíng
一见钟情：to fall in love at first sight
chuǎng
闯：to dash into
pàn
盼：to look forward to
xíng li
行李：luggage
gào bié
告别：to say goodbye to

le jiù chī jǐ kǒu mán tou kě le jiù hē lù
了，就吃几口馒头；渴了，就喝路

biān de xī shuǐ
边的溪水。

yí lù shang bù guǎn jīng lì duō shao jiān nán
一路上，不管经历多少艰难

kùn kǔ mèng jiāng nǚ dōu méi yǒu diào yì dī yǎn
困苦，孟姜女都没有掉一滴眼

lèi zhōng yú kào zhe wán qiáng de yì lì hé duì
泪。终于，靠着顽强的毅力和对

zhàng fu shēn shēn de ài tā lái dào le cháng
丈夫深深的爱，她来到了长

chéng zhè shí de cháng chéng yǐ jīng xiū de hěn cháng
城。这时的长城已经修得很长

hěn cháng le mèng jiāng nǚ dào chù zhǎo què shǐ
很长了。孟姜女到处找，却始

zhōng bú jiàn zhàng fu de zōng yǐng zuì hòu tā xiàng
终不见丈夫的踪影。最后，她向

rén dǎ ting nǐ men zhèr yǒu gè jiào fàn xǐ liáng
人打听："你们这儿有个叫范喜良

de rén ma nà rén shuō ng shì yǒu zhè me
的人吗？"那人说："嗯，是有这么

gè rén mèng jiāng nǚ yì tīng kāi xīn jí le
个人。"孟姜女一听，开心极了！

tā lián máng wèn nǐ zhī dào tā zài nǎr
她连忙问："你知道他在哪儿

注释 Notes

mán tou
馒头：steamed bun

xī shuǐ
溪水：spring water

jiān nán kùn kǔ
艰难困苦：difficulties and hardships

kào
靠：to depend on

wán qiáng
顽强：persistent

yì lì
毅力：will power

shǐ zhōng
始终：from beginning to end

zōng yǐng
踪影：trace

dǎ ting
打听：to inquire

lián máng
连忙：promptly; at once

ma nà rén tàn le yì kǒu qì ài yǐ jing
吗？”那人叹了一口气：“唉，已经
sǐ le sǐ de rén tài duō mái bú guò lái shī
死了！死的人太多，埋不过来，尸
tǐ dōu bèi tián dào cháng chéng li le
体都被填到长城里了！”

tīng dào zhè gè è hào mèng jiāng nǚ yǎn qián yì
听到这个噩耗，孟姜女眼前一
hēi yí zhèn xīn suān dà kū qǐ lái zhěng zhěng
黑，一阵心酸，大哭起来，整整
kū le sān tiān sān yè zuì hòu lián tiān dì dōu gǎn
哭了三天三夜。最后，连天地都感
dòng le tiān yuè lái yuè yīn chén fēng yuè lái yuè
动了。天越来越阴沉，风越来越
měng liè zhǐ tīng huā lā yì shēng yí duàn cháng
猛烈，只听“哗啦”一声，一段长
chéng bèi kū dǎo le lù chū lái de zhèng shì fàn xǐ
城被哭倒了，露出来的正是范喜
liáng de shī tǐ mèng jiāng nǚ de yǎn lèi dī zài le
良的尸体。孟姜女的眼泪滴在了
tā de liǎn shang tā zhōng yú jiàn dào le zì jǐ xīn ài
他的脸上，她终于见到了自己心爱
de zhàng fu dàn tā què zài yě kàn bú dào tā le
的丈夫，但他却再也看不到她了。

wèi le xiū cháng chéng chéng qiān shàng wàn de
为了修长城，成千上万的
bǎi xìng xiàn chū le shēng mìng mèng jiāng nǚ kū dǎo
百姓献出了生命，孟姜女哭倒
cháng chéng de gù shi yě yí dài yí dài de liú chuán
长城的故事也一代一代地流传
xià lai
下来。

注释 Notes

- mái 埋：to bury
- è hào 噩耗：bad news
- yīn chén 阴沉：dark; gloomy
- měng liè 猛烈：fierce
- lù chū 露出：to reveal
- xiàn chū 献出：to devote
- liú chuán 流传：to spread

1. mèng jiāng nǚ shì zěn me rèn shi fàn xǐ liáng de
孟姜女是怎么认识范喜良的？
2. fàn xǐ liáng wèi shén me bèi guān bīng zhuā le
范喜良为什么被官兵抓了？
3. mèng jiāng nǚ shì zěn yàng zhǎo dào zhàng fu de
孟姜女是怎样找到丈夫的？

Cultural Note

Qinshihuang (秦始皇,259 BC — 210 BC), personal name Ying Zheng (嬴政), was the king of the Chinese State of Qin from 246 BC to 221 BC during the Warring States Period. He became the first emperor of a unified China in 221 BC. He ruled until his death in 210 BC at the age of 49. Calling himself the First Emperor after China's unification, Qinshihuang is a pivotal figure in Chinese history, ushering nearly two millennia of imperial rule. After unifying China, he and his chief advisor, Li Si, passed a series of major economic and political reforms. He undertook gigantic projects, including the first version of the Great Wall of China.

The Great Wall (长城): The Qin was constantly fighting nomadic tribes to the north and northwest. The Xiongnu tribe, in particular, could not be defeated and subdued, thus the campaign was tiring and unsuccessful. Therefore, to prevent the Xiongnu from encroaching on the northern frontier any longer, the emperor ordered the construction of an immense defensive wall. This wall, for whose construction hundreds of thousands of men were mobilized, and an unknown number died, is a precursor to the current Great Wall of China. It connected numerous state walls which had been built during the previous four centuries, a network of small walls linking river defenses to impassable cliffs. A great monument of China to this day, the Great Wall still stands, open to the public to challenge its million steps. However, the Great Wall, for all its majesty, is also a silent monument to untold stories of unimaginable hardship, cruelty and starvation. Fable along with fact has survived to this day and the story of Meng Jiangnü is one of the all-time favorites.

Abstract

Meng Jiangnü's Bitter Weeping

In the antient times, the Meng family and the Jiang family were neighbours. One day, in their backyards, a watermelon was broken; one half dropped in Meng's garden, the other half dropped in Jiang's garden. In this melon, there was a little girl. The two families named her Meng Jiangnü.

Meng Jiangnü grew up and became a beautiful lady. One day, she saved a scholar called Fan Xiliang and then fell in love with him. The two lovers got married, but unfortunately, Fan was shortly drafted by the Qin authorities to build the Great Wall. Meng Jiangnü heard no news of her husband for one year, so she decided to undertake the dangerous journey to look for him alone.

Meng Jiangnü started the arduous journey by walking in a general northerly direction and plotting the route as she went along. She walked and walked, climbed mountain after mountain, crossed river after river. Despite suffering from hunger, blistered feet and having to endure the biting cold weather, she continued obstinately along her journey. Finally, she arrived at her destination. Every worker she met knew nothing about the whereabouts of her husband. Day after day she persisted with her enquiries, but nobody seemed to know her husband. Finally she came to a group of workers who had worked with her husband before, they told her that Fan Xiliang had died and been buried under the Great Wall.

After hearing this news, she cried and cried. She cried unceasingly for many days and many nights. Her grief was so great that God had pity on her and raised a big storm. The section of the wall under which Fan Xiliang was buried, collapsed and delivered forth her husband's body. Finally Meng Jiangnü saw her husband.

Many people devoted their lives to the building of the Great Wall and Meng Jiangnü's story was passed from generation to generation.

xī hú biān duàn qiáo xià fā shēng guò yí duàn měi lì de ài qíng gù shi
西湖边，断桥下，发生过一段美丽的爱情故事。

Bái shé zhuàn
白蛇传

qīng míng shí jié xī hú àn biān fēng guāng míng mèi cóng hú biān zǒu lái liǎng gè měi lì de gū niang tā men shì liǎng tiáo xiū liàn chéng rén de shé yāo yīn wèi xiàn mù rén jiān de shēng huó lái dào xī hú biān yóu wán bái shé shì jiě jie jiào bái sù zhēn qīng shé shì mèi mei jiào xiǎo qīng
清明时节，西湖岸边风光明媚。从湖边走来两个美丽的姑娘，她们是两条修炼成人的蛇妖，因为羡慕人间的生活，来到西湖边游玩。白蛇是姐姐，叫白素贞；青蛇是妹妹，叫小青。

zhè shí tiān xià qǐ le dà yǔ bái sù zhēn hé xiǎo qīng méi yǒu dài sǎn dào chù zhǎo dì fang duǒ yǔ tū rán tā men jué de tóu dǐng duō le yì bǎ sǎn zhuǎn shēn yí kàn yǒu yí wèi sī wen yīng jùn de nián qīng rén zài wèi tā men chēng sǎn zhē yǔ bái sù zhēn hé zhè gè nián qīng rén hù xiāng kàn le yì yǎn bù yuē ér tóng de hóng le liǎn xiǎo qīng kàn dào hòu máng shuō xiè xie qǐng wèn nín guì xìng nián qīng rén huí dá wǒ xìng xǔ jiào xǔ xiān jiù
这时，天下起了大雨，白素贞和小青没有带伞，到处找地方躲雨。突然，她们觉得头顶多了一把伞，转身一看，有一位斯文英俊的年轻人在为她们撑伞遮雨。白素贞和这个年轻人互相看了一眼，不约而同地红了脸。小青看到后，忙说："谢谢！请问您贵姓？"年轻人回答："我姓许，叫许仙，就

注释 Notes

míng mèi 明媚：bright and beautiful

xiū liàn 修炼：to practise austerity

yāo 妖：demon

xiàn mù 羡慕：to envy

sī wen 斯文：refined

chēng 撑：to prop up

zhē 遮：to cover

bù yuē ér tóng 不约而同：to agree with one another without prior consultation

zhù zài duàn qiáo biān bái sù zhēn hé xiǎo qīng yě
住在断桥边。”白素贞和小青也
jiè shào le zì jǐ
介绍了自己。

cóng cǐ tā men sān rén cháng cháng jiàn miàn
从此，他们三人常常见面，
bái sù zhēn hé xǔ xiān de gǎn qíng yuè lái yuè hǎo
白素贞和许仙的感情越来越好，
bù jiǔ tā men jié hūn le hái kāi le yì jiā yào
不久他们结婚了，还开了一家药
diàn bái sù zhēn hé xǔ xiān yì qǐ gěi bìng rén kàn
店。白素珍和许仙一起给病人看
bìng xiǎo qīng yě zài yào diàn li bāng máng yīn wèi
病，小青也在药店里帮忙。因为
tā men zhì hǎo le hěn duō bìng rén ér qiě gěi qióng
他们治好了很多病人，而且给穷
rén kàn bìng bù shōu fèi suǒ yǐ yào diàn de shēng yi
人看病不收费，所以药店的生意
yuè lái yuè hǎo rén men yě qīn qiè de chēng bái sù
越来越好，人们也亲切地称白素
zhēn wéi bái niáng zǐ
贞为“白娘子”。

注释 Notes

zhì bìng
治（病）：to cure (an illness)

qīn qiè
亲切：cordial; warm

jīn shān sì yǒu yí gè hé shang jiào fǎ hǎi
金山寺有一个和尚叫法海，
tā huì zhuō yāo yǒu yì tiān tā lù guò yào diàn
他会捉妖。有一天，他路过药店，
kàn dào bái niáng zǐ zhèng zài gěi rén kàn bìng fā xiàn
看到白娘子正在给人看病，发现
zhè bái niáng zǐ yuán lái bú shì fán rén ér shì shé
这白娘子原来不是凡人，而是蛇
yāo jiù qiāo qiāo de pǎo qù gào su le xǔ xiān xǔ
妖，就悄悄地跑去告诉了许仙。许
xiān zěn me yě bù xiāng xìn tā duì fǎ hǎi shuō
仙怎么也不相信，他对法海说：
wǒ niáng zǐ xīn dì shàn liáng měi lì dà fang
“我娘子心地善良、美丽大方、
néng gàn xián huì zěn me kě néng shì shé yāo ne
能干贤惠，怎么可能是蛇妖呢？”
fǎ hǎi shuō nǐ bú xìn kě yǐ shì yí shì
法海说：“你不信，可以试一试。
míng tiān shì duān wǔ jié dà jiā dōu yào hē xióng
明天是端午节，大家都要喝雄
huáng jiǔ bì xié rén hē le xióng huáng jiǔ méi yǒu
黄酒避邪。人喝了雄黄酒没有
guān xì yāo guài rú guǒ hē le jiù huì xiàn chū
关系；妖怪如果喝了，就会现出
yuán xíng
原形。”

xǔ xiān bàn xìn bàn yí dì èr tiān tā qù
许仙半信半疑。第二天，他去
jiǔ diàn mǎi le yí guàn xióng huáng jiǔ ràng bái niáng
酒店买了一罐雄黄酒，让白娘
zǐ péi tā yì qǐ hē qìng zhù jié rì hē wán jiǔ
子陪他一起喝，庆祝节日。喝完酒
hòu bái niáng zǐ jué de quán shēn bù shū fu jiù
后，白娘子觉得全身不舒服，就
huí wò shì xiū xi qù le xǔ xiān tōu tōu gēn zhe
回卧室休息去了。许仙偷偷跟着
bái niáng zǐ lái dào wò shì mén kǒu duǒ zài mén hòu
白娘子来到卧室门口，躲在门后

hé shang
和尚：monk
zhuō
捉：to catch; to seize

qiāo qiāo de
悄悄地：stealthily

niáng zǐ
娘子：wife
dà fang
大方：generous
néng gàn
能干：capable
xián huì
贤惠：capable and virtuous

duān wǔ jié
端午节：Dragon Boat Festival
bì xié
避邪：excorcise evil spirits

yuán xíng
原形：original shape

bàn xìn bàn yí
半信半疑：half believing, half doubting
guàn
罐：jar

guān chá bái niáng zǐ zhǐ jiàn bái niáng zǐ zài chuáng
观察白娘子。只见白娘子在床
shang fān lái fān qù tū rán yì tiáo shé de wěi
上翻来翻去，突然，一条蛇的尾
ba cóng bèi zi li shēn le chū lái jǐn jiē zhe
巴从被子里伸了出来。紧接着，
shé de shēn tǐ hé tóu quán dōu shēn chū lái le xǔ
蛇的身体和头全都伸出来了，许
xiān xià de hūn sǐ guò qù le
仙吓得昏死过去了。

bái niáng zǐ jiǔ xǐng hòu huī fù le rén xíng
白娘子酒醒后恢复了人形，
fā xiàn xǔ xiān dǎo zài le wò shì mén kǒu shí fēn
发现许仙倒在了卧室门口，十分
zháo jí wèi le bǎ zhàng fu jiù huó tā lái dào
着急。为了把丈夫救活，她来到
yáo yuǎn de kūn lún shān zhāi líng zhī cǎo líng zhī cǎo
遥远的昆仑山摘灵芝草。灵芝草
shì yì zhǒng néng ràng sǐ rén fù huó de cǎo yào dàn
是一种能让死人复活的草药，但
shì fēi cháng xī shǎo yì qiān nián cái yǒu yì kē
是非常稀少，一千年才有一棵，
yīn cǐ bèi shān shén kān hù zhe wèi le dé dào líng
因此被山神看护着。为了得到灵
zhī cǎo bái niáng zǐ yǔ shǒu hù líng zhī cǎo de shān
芝草，白娘子与守护灵芝草的山
shén è zhàn zuì hòu shān shén bèi bái niáng zǐ gǎn
神恶战。最后，山神被白娘子感
dòng le bǎ líng zhī cǎo sòng gěi le tā
动了，把灵芝草送给了她。

xǔ xiān bèi jiù huó yǐ hòu fēi cháng gǎn jī
许仙被救活以后，非常感激
bái niáng zǐ tā duì bái niáng zǐ shuō wú lùn
白娘子。他对白娘子说：“无论
nǐ shì yāo hái shì rén wǒ dōu huì yǒng yuǎn hé nǐ
你是妖还是人，我都会永远和你
zài yì qǐ cóng cǐ yǐ hòu fū qī liǎ gèng jiā
在一起。”从此以后，夫妻俩更加

注释 Notes

翻 (fān): turn over

尾巴 (wěi ba): tail

被子 (bèi zi): quilt

伸 (shēn): to stretch out

紧接着 (jǐn jiē zhe): then; subsequently

吓 (xià): to be frightened

昏死 (hūn sǐ): to be in a coma

恢复 (huī fù): to recover

复活 (fù huó): to revive

稀少 (xī shǎo): rare

恶战 (è zhàn): fight fiercely

ēn ài le
恩爱了。

fǎ hǎi dé zhī xǔ xiān bú dàn méi yǒu lí kāi
法海得知许仙不但没有离开
bái niáng zǐ liǎng rén de gǎn qíng fǎn ér yì tiān bǐ
白娘子，两人的感情反而一天比
yì tiān hǎo xīn li fēi cháng shēng qì wèi le bǎ
一天好，心里非常生气。为了把
bái niáng zǐ hé xǔ xiān fēn kāi fǎ hǎi bǎ xǔ xiān
白娘子和许仙分开，法海把许仙
piàn dào le jīn shān sì guān le qǐ lái bái niáng
骗到了金山寺，关了起来。白娘
zǐ děng bú dào xǔ xiān huí lái xīn li hěn zháo
子等不到许仙回来，心里很着
jí dāng tā dé zhī xǔ xiān bèi fǎ hǎi guān qǐ lái
急。当她得知许仙被法海关起来
le jiù dài zhe xiǎo qīng lái dào le jīn shān sì qǐng
了，就带着小青来到了金山寺，请
qiú fǎ hǎi shì fàng xǔ xiān
求法海释放许仙。

fǎ hǎi jiàn le bái niáng zǐ shuō dào dà
法海见了白娘子，说道：“大
dǎn shé yāo wǒ quàn nǐ hái shi kuài diǎnr lí kāi
胆蛇妖，我劝你还是快点儿离开
rén jiān fǒu zé bié guài wǒ bú kè qi le bái
人间，否则别怪我不客气了！”白
niáng zǐ wèi le bǎ xǔ xiān cóng jīn shān sì jiù chū
娘子为了把许仙从金山寺救出
lái bá xià tóu shang de jīn zān duì zhe fēng yáo
来，拔下头上的金簪，对着风摇
le jǐ xià cháng jiāng de shuǐ hěn kuài jiù zhǎng le
了几下，长江的水很快就涨了
qǐ lái xiàng jīn shān sì zhí pū guò qù fǎ hǎi
起来，向金山寺直扑过去。法海
kàn jiàn shuǐ kuài yào màn shàng jīn shān sì le lián
看见水快要漫上金山寺了，连
máng tuō xià jiā shā jiā shā biàn chéng le yí dào
忙脱下袈裟。袈裟变成了一道

注释 Notes

ēn ài
恩爱：affectionate

fǎn ér
反而：on the contrary

piàn
骗：to deceive

guān
关：to put sb. into custody

shì fàng
释放：to release

dà dǎn
大胆：bold; audacious

fǒu zé
否则：otherwise

zhǎng
涨：to go up

màn
漫：to overflow

jiā shā
袈裟：robe (of a Buddhist monk)

cháng dī bǎ shuǐ lán zài le sì wài shuǐ yuè zhǎng
长堤，把水拦在了寺外。水越涨
yuè gāo hé dī yě suí zhī zhǎng gāo yīn wèi bái
越高，河堤也随之长高。因为白
niáng zǐ yǐ jīng huái yùn le tā shí zài jīng pí lì
娘子已经怀孕了，她实在精疲力
jié dòu bú guò fǎ hǎi zuì hòu biàn huí le bái
竭，斗不过法海，最后变回了白
shé fǎ hǎi jiāng bái shé shōu jìn tā de jīn bō yā
蛇。法海将白蛇收进他的金钵，压
zài le léi fēng tǎ xià tā zhōng yú bǎ xǔ xiān hé
在了雷峰塔下。他终于把许仙和
bái niáng zǐ chāi sàn le
白娘子拆散了。

xiǎo qīng táo lí jīn shān sì hòu zài shēn shān
小青逃离金山寺后，在深山
li qín fèn de xiū liàn le shí jǐ nián zuì hòu
里勤奋地修炼了十几年，最后
zhǎo dào fǎ hǎi dǎ bài le tā fǎ hǎi táo dào le
找到法海，打败了他。法海逃到了
páng xiè de dù zi li bái niáng zǐ bèi jiě jiù le
螃蟹的肚子里，白娘子被解救了

注释 Notes

dī
堤：bank

huái yùn
怀孕：to be pregnant

jīng pí lì jié
精疲力竭：exhausted

bō
钵：alms bowl (of a Buddhist monk)

chāi sàn
拆散：to break up

qín fèn
勤奋：hard working

dǎ bài
打败：to defeat

páng xiè
螃蟹：crab

chū lái cóng cǐ bái niáng zǐ xǔ xiān hé tā men de hái zi xìng fú de shēng
出来。从此，白娘子、许仙和他们的孩子幸福地生
huó zài yì qǐ zài yě bù fēn kāi le
活在一起，再也不分开了。

bái niáng zǐ hé xǔ xiān shì zěn me rèn shi de
1. 白娘子和许仙是怎么认识的？
bái niáng zǐ wèi shén me shòu dào rén men de xǐ ài
2. 白娘子为什么受到人们的喜爱？
fǎ hǎi shì yòng shén me bàn fǎ ràng xǔ xiān xiāng xìn bái niáng zǐ shì yì tiáo shé de
3. 法海是用什么办法让许仙相信白娘子是一条蛇的？
fǎ hǎi shì zěn me bǎ bái niáng zǐ yā zài léi fēng tǎ xià de
4. 法海是怎么把白娘子压在雷峰塔下的？

Cultural Note

清明节（***The Qingming Festival***）can also be called the Pure Brightness Festival, the Clear Bright Festival, Ancestors Day or Tomb Sweeping Day. It is a traditional Chinese festival on the 104th day after the winter solstice (or the 15th day from the Spring Equinox), usually occurring around April 5 every year. Astronomically it is also a solar term. The Qingming Festival falls on the first day of the fifth solar term, named Qingming. Its name denotes a time for people to go outside and enjoy the greenery of springtime (踏青 tà qīng, treading on the greenery) and tend to the graves of departed ones.

The Qingming Festival is an opportunity for celebrants to remember and honor their ancestors at grave sites. Young and old pray before the ancestors, sweep the tombs and offer food, tea, wine, chopsticks, joss paper accessories, and libations to the ancestors. The rites have a long tradition in Asia, especially among farmers. Some people carry willow branches with them on Qingming, or put willow branches on their gates and front doors. They believe that willow branches help ward off the evil spirit that wander about on Qingming.

西湖（***Xihu***）is a famous fresh water lake located in the historic center of Hangzhou, in Zhejiang Province of eastern China. Lying on the western edge of Hangzhou City, Xihu (West Lake) is the symbol of Hangzhou as well as one of the most beautiful sights in China. Early in the Song Dynasty, the famous poet Su Shi compared the lake to Xizi, a Chinese Cleopatra: "Rippling water shimmering on a sunny day, misty mountains wondrous in the rain. Plain or gaily decked out like Xizi, the West Lake is always alluring." Therefore, the Lake is also known as Xizi Lake. With an area of 6 sq.km and a circumference of 15km (9 miles), Xihu is surrounded on three sides by rolling wooded hills, and has captivated countless visitors for centuries. West Lake is not only famous for its picturesque landscape, it is also associated with many scholars, national heroes and revolutionary martyrs, thus embracing many aspects of Chinese culture. In addition, many ancient buildings, stone caves, and engraved tablets in the surrounding areas are among the most cherished national treasures of China, carrying significant artistic value.

Legend of White Snake

Lady Bai Suzhen was a white snake with a human being's shape. Bai Suzhen and her sister, Xiaoqing, a green-blue snake, met a young man, Xu Xian, at the Qingming Festival on the banks of Xihu. Lady Bai and Xu Xian quickly fell in love and got married. They opened a medical clinic. Because Bai Suzhen often offered free treatment for the poor, people loved her and called her Madame Bai.

One day, a monk from the Jinshan Temple, named Fahai, told Xu Xian that his wife was a snake with an evil spirit. Xu Xian was coaxed into having his wife drink the Xionghuang Wine by the monk during Chinese Dragon Boat Festival. After drinking the wine, Bai Suzhen changed from human to snake. Xu Xian was so scared by the snake shape of his wife that he lost consciousness. For saving her husband, Bai went up to the heaven to embezzle immortal grass, and Xu Xian was brought back to life. Xu Xian thanked his wife for saving his life and they lived on even happier than before.

But the monk still wanted to catch the snake. So he locked Xu Xian in the Jinshan Temple. Bai fought with Fahai to have her husband back. She flooded the Jinshan Temple. Because Bai was pregnant, she was defeated and imprisoned under the Leifeng Tower by Fahai. Dozens of years later, Xiaoqing defeated Fahai and rescued Lady Bai. The monk Fahai ran into a crab to hide.

nǐ zhī dào zhōng guó bǎn de luó mì ōu yǔ zhū lì yè de gù shi ma
你知道中国版的罗密欧与朱丽叶的故事吗？

Liáng shān bó yǔ zhù yīng tái
梁山伯与祝英台

gǔ shí hou zhù jiā zhuāng yǒu gè gū niang jiào
古时候，祝家庄有个姑娘叫
zhù yīng tái tā cōng míng hào xué hěn xiǎng qù shěng
祝英台，她聪明好学，很想去省
chéng de xué xiào dú shū dàn nà shí hou nǚ hái zi
城的学校读书，但那时候女孩子
bù néng qù xué xiào xué xí wèi le shàng xué zhù
不能去学校学习。为了上学，祝
yīng tái bǎ zì jǐ dǎ ban chéng nán hái zi de yàng
英台把自己打扮成男孩子的样
zi dé dào fù mǔ de tóng yì hòu zhù yīng tái
子。得到父母的同意后，祝英台
shàng lù le lù shang zhù yīng tái yù jiàn le yí wèi
上路了。路上祝英台遇见了一位
yě shì qù shěng chéng shàng xué de nián qīng rén jiào
也是去省城上学的年轻人，叫
liáng shān bó tā men hù xiāng jiè shào le zì jǐ
梁山伯。他们互相介绍了自己，
yì qǐ hē jiǔ zuò shī jié bàn ér xíng
一起喝酒、作诗，结伴而行。

zài xué xiào liáng shān bó hé zhù yīng tái cháng
在学校，梁山伯和祝英台常
cháng yì qǐ yín shī zuò huà chéng le zuì hǎo de
常一起吟诗作画，成了最好的
péng you dàn shì zhù yīng tái shì nǚ háir zhè gè
朋友。但是祝英台是女孩儿这个
mì mì liáng shān bó què yì zhí bù zhī dào sān nián
秘密梁山伯却一直不知道。三年
guò qù le liǎng rén de yǒu yì yuè lái yuè shēn zhù
过去了，两人的友谊越来越深，祝

注释 Notes

hào xué
好学：diligent

shěng chéng
省城：capital city of a province

dǎ ban
打扮：to make up

jié bàn ér xíng
结伴而行：to travel together

yín shī zuò huà
吟诗作画：to read poems and draw pictures

mì mì
秘密：secret

yǒu yì
友谊：friendship

yīng tái bù zhī bù jué ài shàng le liáng shān bó
英台不知不觉爱上了梁山伯。

yì tiān zhù yīng tái shōu dào yì fēng jiā shū shuō tā fù qīn dé le zhòng bìng ràng tā mǎ shàng huí jiā
一天，祝英台收到一封家书，说她父亲得了重病，让她马上回家。

zhù yīng tái lí kāi xué xiào zhī qián xiǎng àn shì liáng shān bó zì jǐ shì nǚ háir yú shì tā gào su liáng shān bó zì jǐ yǒu gè mèi mei hé zì jǐ zhǎng de hěn xiàng ràng tā lái tí qīn
祝英台离开学校之前，想暗示梁山伯自己是女孩儿，于是她告诉梁山伯自己有个妹妹，和自己长得很像，让他来提亲。

lǎo shi de liáng shān bó xìn yǐ wéi zhēn
老实的梁山伯信以为真。

lín zǒu shí zhù yīng tái bǎ zì jǐ de ěr huán zuò wéi xìn wù ràng rén zhuǎn jiāo gěi liáng shān bó
临走时，祝英台把自己的耳环作为信物让人转交给梁山伯，

liáng shān bó ná dào ěr huán cái zhī dào zhù yīng tái qí shí shì gè nǚ háir
梁山伯拿到耳环才知道祝英台其实是个女孩儿。

tā huí yì qǐ zì jǐ hé zhù yīng tái zài yì qǐ de rì zi lèi liú mǎn miàn wǒ zěn me zhè me shǎ ne
他回忆起自己和祝英台在一起的日子，泪流满面：“我怎么这么傻呢？”

tā jí máng qù le zhù jiā zhuāng
他急忙去了祝家庄。

zhù yīng tái huí jiā yǐ hòu fā xiàn fù qīn méi yǒu shēng bìng ér shì piàn tā huí jiā ràng tā hé dì zhǔ de ér zi jié hūn
祝英台回家以后发现父亲没有生病，而是骗她回家，让她和地主的儿子结婚。

zhù yīng tái xīn li zhǐ yǒu liáng shān bó tā xiǎng le hěn duō bàn fǎ táo
祝英台心里只有梁山伯，她想了很多办法逃

注释 Notes

bù zhī bù jué
不知不觉：unconsciously

jiā shū
家书：family letter

àn shì
暗示：to drop a hint

tí qīn
提亲：to propose

lǎo shi
老实：simple-minded; naive

xìn yǐ wéi zhēn
信以为真：to think it is true

ěr huán
耳环：ear-ring

xìn wù
信物：keepsake for love

lèi liú mǎn miàn
泪流满面：to burst into tears

dì zhǔ
地主：landlord

pǎo dàn shì dōu méi yǒu chéng gōng fǎn ér bèi fù
跑，但是都没有成功，反而被父
qīn guān le qǐ lái
亲关了起来。

liáng shān bó lái dào zhù jiā yǐ hòu tīng shuō
梁山伯来到祝家以后，听说
zhù yīng tái hé bié ren dìng hūn le hòu huǐ mò jí
祝英台和别人订婚了，后悔莫及。
wèi le zài jiàn zhù yīng tái yí miàn liáng shān bó wǎn
为了再见祝英台一面，梁山伯晚
shang tōu tōu de cóng chuāng hu pá jìn le yīng tái de
上偷偷地从窗户爬进了英台的
fáng jiān yīng tái kàn dào liáng shān bó bēi xǐ jiāo
房间。英台看到梁山伯，悲喜交
jiā liáng shān bó yě shí fēn shāng xīn liǎng rén yuē
加，梁山伯也十分伤心，两人约
dìng jiù suàn shēng bù néng zài yì qǐ sǐ hòu
定：“就算生不能在一起，死后
yě yào tóng zàng zài yí gè fén mù li zhèng zài
也要同葬在一个坟墓里。”正在
zhè shí zhù yīng tái de mǔ qīn lái le liáng shān bó
这时，祝英台的母亲来了，梁山伯
bù dé bù cóng chuāng hu táo zǒu le
不得不从窗户逃走了。

liáng shān bó huí jiā hòu yóu yú guò dù shāng
梁山伯回家后，由于过度伤
xīn bìng dǎo le bù jiǔ jiù sǐ le yīng tái tīng dào
心病倒了，不久就死了。英台听到
liáng shān bó qù shì de xiāo xi shāng xīn yù jué
梁山伯去世的消息，伤心欲绝。

jǐ tiān hòu jiù shì zhù yīng tái de hūn lǐ hūn
几天后就是祝英台的婚礼。婚
lǐ nà tiān yīng tái zuò zài yíng qīn de jiào zi li
礼那天，英台坐在迎亲的轿子里，
jīng guò liáng shān bó de fén mù shí tā ràng jiào zi
经过梁山伯的坟墓时，她让轿子
tíng le xià lái tā zǒu dào liáng shān bó de fén qián
停了下来。她走到梁山伯的坟前

注释 Notes

dìng hūn
订婚：to be engaged

hòu huǐ mò jí
后悔莫及：too late to repent

bēi xǐ jiāo jiā
悲喜交加：with mingled feelings of joy and sorrow; bittersweet

yuē dìng
约定：to agree on

zàng
葬：to bury

fén mù
坟墓：tomb

guò dù
过度：excessive

qù shì
去世：pass away

shāng xīn yù jué
伤心欲绝：extremely grieved

hūn lǐ
婚礼：wedding

yíng qīn
迎亲：to receive the bride

jiào zi
轿子：sedan (chair)

fàng shēng tòng kū zhè shí qíng lǎng de tiān kōng tū rán
放声痛哭。这时晴朗的天空突然

biàn de yīn àn qǐ lái kuáng fēng bào yǔ diàn shǎn
变得阴暗起来，狂风暴雨，电闪

léi míng hōng de yì shēng liáng shān bó de fén
雷鸣，“轰”的一声，梁山伯的坟

mù liè kāi le yí gè dà kǒu yīng tái háo bù yóu
墓裂开了一个大口，英台毫不犹

yù de tiào jìn le fén mù hěn kuài fén mù yòu hé
豫地跳进了坟墓。很快，坟墓又合

shàng le
上了。

zhè shí fēng yě tíng le yǔ yě zhù le
这时，风也停了，雨也住了，

tiān kōng yòu huī fù le qíng lǎng yí duì měi lì de
天空又恢复了晴朗。一对美丽的

hú dié cóng fén mù li fēi le chū lái yì zhī fēi
蝴蝶从坟墓里飞了出来。一只飞

dào nǎ lǐ lìng yì zhī jiù gēn zhe fēi dào nǎ lǐ
到哪里，另一只就跟着飞到哪里，

注释 Notes

kuáng fēng bào yǔ
狂风暴雨: violent storm

diàn shǎn léi míng
电闪雷鸣: thunder and lightning

liè
裂: to split

háo bù yóu yù
毫不犹豫: without any hesitation

hú dié
蝴蝶: butterfly

tā men yuè fēi yuè gāo yuè fēi yuè yuǎn jiàn jiàn kàn
他们越飞越高，越飞越远，渐渐看
bú jiàn le rén men shuō zhè duì hú dié shì liáng shān
不见了。人们说这对蝴蝶是梁山
bó yǔ zhù yīng tái biàn de tā men huó zhe de shí
伯与祝英台变的，他们活着的时
hou bù néng zài yì qǐ sǐ hòu biàn chéng le hú
候不能在一起，死后变成了蝴
dié yǒng bù fēn lí
蝶，永不分离。

yǒng bù fēn lí
永不分离：never to be apart

zhù yīng tái wèi shén me yào dǎ ban chéng nán hái de yàng zi
1. 祝英台为什么要打扮成男孩的样子？
liáng shān bó shì zěn me zhī dào zhù yīng tái shì nǚ hái de
2. 梁山伯是怎么知道祝英台是女孩的？
zhù yīng tái jié hūn nà tiān fā shēng le shén me shì qing
3. 祝英台结婚那天发生了什么事情？
nǐ zhī dào lèi sì de ài qíng gù shi ma
4. 你知道类似的爱情故事吗？

Cultural Note

Traditional Chinese Marriage is a ceremonial ritual within Chinese societies that involve a marriage established by pre-arrangement between families. Chinese marriage became a custom between 402 BC and 221 BC. Despite China's long history and many different geographical areas, there are basically six rituals, generally known as the three letters and six rules of etiquette (三书六礼).

Six rules of etiquette

- *Proposal:* An unmarried boy's parents must first find a potential daughter-in-law. They must then employ a matchmaker whose job is to act as a mediator in what can be a very delicate situation, especially since the two families may hardly know each other. He must be sensitive to embarrassing issues and try to assuage any conflicts of interest between the two families.

- *Birth dates:* If the selected girl and her parents do not object to the proposal, the matchmaker will match the birth dates in accordance with the predictions of the Suan Ming.

- *Bride price (Betrothal gifts):* At this point, the bridegroom's family arranges for the matchmaker to present the bride's price (betrothal gifts), including the betrothal letter, to the bride's family.

- *Wedding gifts:* The groom's family will then send an elaborate array of food, cakes, and religious items to the bride's family.

- *Arranging the wedding:* Before the wedding ceremony, the two families arrange the wedding day together to make sure the date is auspicious.

- *Wedding Ceremony:* The final ritual is the actual wedding ceremony where bride and groom become a married couple. Unlike the West, bride and groom need to wear a red coloured dress and suit.

Groom Suit and Bridal dress of Zhou Dynasty

Before modern times, women were not allowed to choose the person they married. Instead, the family of the bride picked the prospective husband. Marriages were chosen based upon the needs of reproduction and honor, as well as the needs of the father and husband.

Chinese Traditional Funeral: The funeral rites in China originate from the concept of the undying spirit and the worship of ancestors. The Confucian School regards funeral rites as the embodiment of ethics. Buddhism, which is popular in China, even takes death as the start of reincarnation. Because of this, corresponding elements are added to the funeral:

- *Sable* is a white dress worn for condolences given to the deceased. Sables worn by juniors for mourning the elderly are called mourning dress.

Sable of Ming Dynasty

- *Cond olences:* Before offering their condolences, family members of the departed must set up a mourning hall. An alter is set up with offerings — candles, censer and a lamp which burns day and night — and is placed before the bier.

- *Coffin:* After the condolences, the deceased is placed in the coffin. The dutiful son washes the eyes of the departed to ensure a bright and happy reincarnation. It's called "opening the light."

- *Seven Weeks of Mourning:* Usually the family members of the deceased will conduct "seven weeks of mourning" upon the death of the person, to help the dead to acquire happiness thereafter.

- *Burial:* Before sending the coffin to the graveyard, people burn paper resembling human figures, horses, and money as an offering to the dead. This harks back to the ancient institution of burying the living with the dead. The funeral ceremony comes to an end after the completion of the sacrificial altar in front of the grave.

Butterfly Lovers

Zhu Yingtai was a girl who liked to study very much. However, in those days, girls were not permitted to attend school. But she persuaded her father to let her go to school disguised as a boy. She met Liang Shanbo on the way to school in Hangzhou. They got along with each other very well and became best friends at school.

Three years passed. Liang Shanbo had still not realised that Yingtai was a girl. One day, Yingtai received a letter from home, asking her return as soon as possible. Zhu Yingtai had fallen in love with Liang Shanbo, but she did not know how to tell him the truth of her gender. She implied that she had a sister who looked very much like her and persuaded Liang Shanbo to propose to her. Zhu Yingtai left Liang Shanbo an earring as a keepsake for love. Finally, Liang Shanbo learnt the truth. He went to Yingtai's home to propose to her, but it was too late, because by this time, Yingtai had already been forced into an engagement with another man. Shanbo was so sad and regretful that he fell into illness and soon died.

On Yingtai's wedding day, when passing by the tomb of Liang Shanbo, she came out from the sedan and cried loudly and sadly. A sudden thunder-storm came and the tomb split open with a loud noise. Yingtai, who loved Shanbo deeply, jumped into the tomb. Then the tomb closed. After a while, the wind ceased and the clouds scattered. Flowers were dancing in the wind. Two beautiful butterflies flew elegantly out of the tomb. Freely and happily, they floated around in the sunshine. They were the spirits of lovers who had pursued their love.

nǐ zhī dào zài zhōng guó guò chūn jié wèi shén me yòu jiào guò nián ma guò
你知道在中国“过春节”为什么又叫“过年”吗？过
nián wèi shén me yào fàng biān pào tiē hóng duì lián ne
年为什么要放鞭炮、贴红对联呢？

Nián yǔ chūn jié de chuán shuō
“年”与春节的传说

chūn jié shì nóng lì xīn nián de kāi shǐ yě
春节是农历新年的开始，也
shì zhōng guó de chuán tǒng jié rì guò chūn jié
是中国的传统节日。“过春节”
yòu jiào zuò guò nián nián shì shén me ne
又叫做“过年”。“年”是什么呢？
chuán shuō zhōng nián shì yì zhǒng gěi rén men dài lái
传说中，年是一种给人们带来
huài yùn qi de guài shòu tā tóu shang zhǎng zhe jiǎo
坏运气的怪兽。它头上长着角，
zhù zài hǎi dǐ měi nián de zuì hòu yì tiān pá shàng
住在海底，每年的最后一天爬上
àn shāng hài bǎi xìng cūn mín men dōu fēi cháng hài
岸，伤害百姓。村民们都非常害
pà jiù yì qǐ táo dào shān li
怕，就一起逃到山里。

yǒu yì nián cūn mín men zhèng zài táo nàn
有一年，村民们正在逃难，
cóng cūn wài lái le yí gè qǐ tǎo de lǎo rén cūn
从村外来了一个乞讨的老人。村
li yí wèi hǎo xīn de lǎo pó po gěi le tā yì xiē
里一位好心的老婆婆给了他一些
shí wù rán hòu duì tā shuō nián shòu kuài lái
食物，然后对他说：“‘年’兽快来
le nǐ gēn wǒ men yì qǐ shàng shān qù duǒ yì duǒ
了，你跟我们一起上山去躲一躲
ba nà lǎo rén mō le mō hú zi xiào zhe shuō
吧。”那老人摸了摸胡子，笑着说：

注释 Notes

chuán tǒng
传统：traditional

guài shòu
怪兽：monster

jiǎo
角：horn

qǐ tǎo
乞讨：to go begging

lǎo pó po rú guǒ ràng wǒ zài nín jiā zhù yì
“老婆婆，如果让我在您家住一
wǎn wǒ yí dìng bǎ nián shòu gǎn zǒu lǎo pó
晚，我一定把‘年’兽赶走。”老婆
po tóng yì le
婆同意了。

bàn yè nián shòu guǒ rán chuǎng jìn le
半夜，“年”兽果然闯进了
cūn dàn shì tā fā xiàn cūn li de qì fēn yǔ yǐ
村。但是，它发现村里的气氛与以
qián bù tóng le lǎo pó po jiā de mén shang tiē zhe
前不同了：老婆婆家的门上贴着
dà hóng zhǐ wū li bèi zhú guāng zhào de hěn
大红纸，屋里被烛光照得很
liàng nián shòu dà hǒu le yì shēng cháo lǎo pó
亮。“年”兽大吼了一声，朝老婆
po jiā pū le guò qù kuài yào dào mén kǒu shí yuàn
婆家扑了过去。快要到门口时，院
zi li tū rán chuán lái pī pī pā pā de xiǎng
子里突然传来“噼噼啪啪”的响
shēng nián shòu xià de bù gǎn wǎng qián zǒu le
声，“年”兽吓得不敢往前走了。
yuán lái nián zuì pà hóng sè huǒ guāng hé bào
原来，“年”最怕红色、火光和爆
zhà de shēng yīn le zhè shí lǎo pó po jiā de
炸的声音了。这时，老婆婆家的
mén kāi le yí wèi chuān zhe hóng páo de lǎo rén dà
门开了，一位穿着红袍的老人大
xiào zhe zǒu le chū lái nián bèi xià de táo huí
笑着走了出来。“年”被吓得逃回
le hǎi dǐ
了海底。

dì èr tiān rén men cóng shān shang huí lái
第二天，人们从山上回来，
kàn dào cūn zi méi yǒu bèi pò huài gǎn dào hěn jīng
看到村子没有被破坏，感到很惊
yà lǎo pó po kàn dào zì jǐ jiā de mén shang tiē
讶。老婆婆看到自己家的门上贴

注释 Notes

gǎn zǒu
赶走：to drive away

chuǎng
闯：to dash into

qì fēn
气氛：atmosphere

zhú guāng
烛光：candle lights

hǒu
吼：groan

pū
扑：to jump on

bào zhà
爆炸：to explode

páo
袍：robe

pò huài
破坏：to destroy

jīng yà
惊讶：surprised

zhe hóng zhǐ yuàn li yì duī méi yǒu shāo wán de zhú
着红纸，院里一堆没有烧完的竹
zi réng zài fā chū pā pā de xiǎng shēng jǐ gēn
子仍在发出"啪啪"的响声，几根
hóng là zhú hái yǒu huǒ guāng zhè cái xiǎng qǐ nà gè
红蜡烛还有火光，这才想起那个
shén mì de lǎo rén zhè jiàn shì hěn kuài zài mín jiān
神秘的老人。这件事很快在民间
chuán kāi le rén men dōu zhī dào le gǎn zǒu
传开了，人们都知道了赶走
nián shòu de bàn fǎ
"年"兽的办法。

cóng cǐ měi nián chūn jié jiā jiā tiē hóng duì
从此，每年春节，家家贴红对
lián fàng biān pào dēng huǒ tōng míng děng dài xīn nián
联、放鞭炮、灯火通明，等待新年
dì yī tiān de dào lái yě yīn wèi zhè gè chuán
第一天的到来。也因为这个传
shuō guò chūn jié yòu jiào guò nián jiù shì
说，"过春节"又叫"过年"，就是
bǎ nián shòu sòng zǒu de yì si
把"年"兽送走的意思。

注释 Notes

zhú zi
竹子：bamboo

là zhú
蜡烛：candle

shén mì
神秘：mysterious

duì lián
对联：couplet

biān pào
鞭炮：firecracker

dēng huǒ tōng míng
灯火通明：to be ablaze with lights

nián shì zhēn shí cún zài de dòng wù ma
1. “年”是真实存在的动物吗？

wèi shén me chūn jié rén men fàng biān pào tiē duì lián
2. 为什么春节人们放鞭炮、贴对联？

wèi shén me guò chūn jié yòu jiào guò nián
3. 为什么“过春节”又叫“过年”？

Cultural Note

The Spring Festival（春节）

The Spring Festival falls on the first day of the first lunar month, often one month later than the Gregorian calendar. It originated in the Shang Dynasty （1600 BC—1100 BC）from the people's sacrifice to gods and ancestors at the end of an old year and the beginning of a new one. The Spring Festival is the most important festival for the Chinese people when all family members get together, just like Christmas in the West.

During the Spring Festival, every family is busy spring-cleaning their house in order to purify and prevent disease. Also, they must put up decorations such as flags, a door-god, spring festival couplets, and the reversed Chinese character “福” (which means blessing) so that they can pray for an auspicious New Year. On New Year's Eve, every family enjoys a grand dinner, shoots off firecrackers, plays the dragon dance and the lion dance, and stays up late or all night. People will pay a New Year call to one another from the first day, and it is not until the 15th day of the 1st lunar month, namely, the Lantern Festival, that the Spring Festival ends.

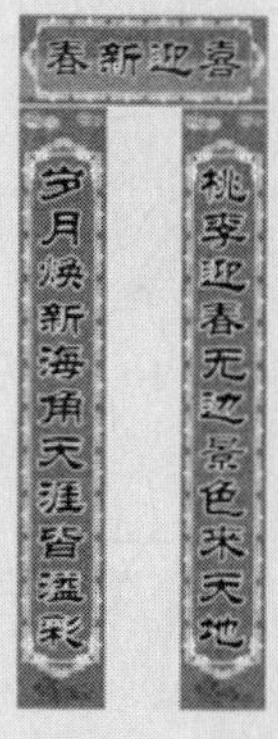

Red Couplet

Paper Cut

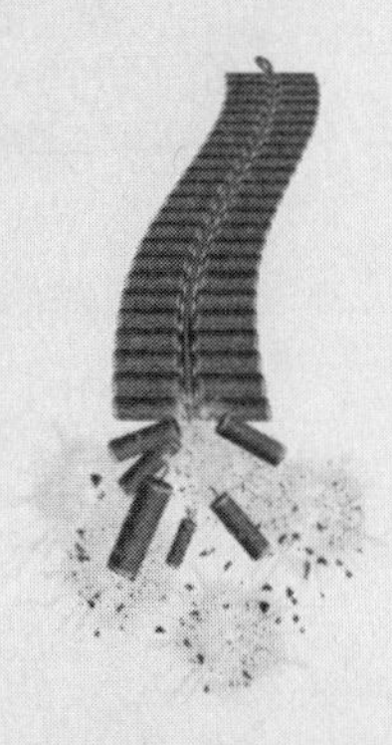

Fire crackers

The Story of "Nian" and Chinese Spring Festival

"Guo Nian" is another way to say "celebrate Spring Festival" in Chinese. What is "Nian"? It is said that Nian was a monster with horns. He lived under the sea and came up to eat people and animals the day before the New Year. The people of the village were terrified of him. One year, an old man came to the village looking for food. A kindhearted old woman gave him some food and tried to persuade him to leave. After hearing the story of the monster, he decided to stay in the old woman's house for the night.

That night, Nian came. At once he saw red couplets on the old woman's door, heard the sound of firecrackers and saw the old man in a red robe. Nian was scared of the colour red, the sound of explosives and the lights, so he ran away.

The next day, when people came back and saw the village had not been destroyed, they were amazed. The old woman realised that it was the old man who helped to drive away the monster. Nian never came back to eat people again.

Since then, the tradition of observing the conquest of Nian has been carried on from generation to generation. The term "Guo Nian," which may mean "Survive the Nian," becomes today's "Celebrate the (New) Year," as the word "guo" in Chinese also means "pass-over." The customs of putting up red paper and firing fire crackers to scare away Nian is also passed down one generation after another.

duān wǔ jié de shí hou rén men wèi shén me sài lóng zhōu chī zòng zi ne
端午节的时候，人们为什么赛龙舟、吃粽子呢？

Qū yuán tóu jiāng —— duān wǔ jié de yóu lái
屈原投江——端午节的由来

qū yuán shì zhàn guó shí qī chǔ guó de dà chén yǒu zhì huì yǒu dǎn shí kǒu cái hǎo yòu hěn huì xiě wén zhāng hé zuò shī tā shí fēn ài guó shí shí kè kè wèi guó jiā cāo xīn cháng cháng gěi chǔ wáng tí yì jiàn
屈原是战国时期楚国的大臣，有智慧、有胆识、口才好，又很会写文章和作诗。他十分爱国，时时刻刻为国家操心，常常给楚王提意见。

chǔ guó de lìng yí gè dà chén jìn shàng jì dù qū yuán de cái huá cháng cháng zài chǔ wáng miàn qián shuō qū yuán de huài huà dà wáng a nà gè qū yuán zhēn ào màn tā yǐ wéi méi yǒu tā chǔ guó jiù wán le nín qiáo qiao tā gēn běn bù bǎ nín fàng zài yǎn li chǔ wáng bù néng míng biàn shì fēi tīng le fēi cháng shēng qì yú shì bǎ qū yuán gǎn chū le chǔ guó
楚国的另一个大臣靳尚嫉妒屈原的才华，常常在楚王面前说屈原的坏话："大王啊，那个屈原真傲慢，他以为没有他，楚国就完了！您瞧瞧，他根本不把您放在眼里！"楚王不能明辨是非，听了非常生气，于是把屈原赶出了楚国。

dāng shí qín guó yǔ chǔ guó shì tiān xià zuì qiáng de liǎng gè guó jiā qín guó yì zhí xiǎng xiāo miè
当时，秦国与楚国是天下最强的两个国家，秦国一直想消灭

注释 Notes

- dà chén 大臣: minister
- zhì huì 智慧: wisdom
- dǎn shí 胆识: courage
- kǒu cái 口才: eloquence
- cāo xīn 操心: to be concerned with
- yì jiàn 意见: opinion; view
- cái huá 才华: intellect and talent
- ào màn 傲慢: arrogant
- míng biàn shì fēi 明辨是非: to distinguish fact from fiction
- gǎn 赶: to drive away
- xiāo miè 消灭: to eliminate; to wipe out

chǔ guó jiù shè jì yuē chǔ wáng dào qín guó jiàn
楚国，就设计约楚王到秦国见
miàn qū yuán tīng dào zhè gè xiāo xi yǐ hòu xīn
面。屈原听到这个消息以后，心
lǐ fēi cháng zháo jí tā lì jí huí dào chǔ guó
里非常着急，他立即回到楚国，
quàn chǔ wáng dà wáng nín qiān wàn bù néng qù
劝楚王：“大王您千万不能去
ya qín guó jiù xiàng dú shé yí yàng jiǎo huá zhè
呀！秦国就像毒蛇一样狡猾，这
cì yí dìng shì tā men shè xià xiàn jǐng yào xiàn hài nín
次一定是他们设下陷阱要陷害您
a chǔ wáng gēn běn bù lǐ huì qū yuán de quàn
啊！”楚王根本不理会屈原的劝
gào guǒ rán hé qín wáng jiàn miàn shí chǔ wáng
告。果然，和秦王见面时，楚王
bèi shā hài le qū yuán tīng dào zhè gè xiāo xi bēi
被杀害了。屈原听到这个消息悲
tòng wàn fēn
痛万分。

xīn de chǔ wáng jì wèi hòu qū yuán yòu zuò
新的楚王继位后，屈原又做
le dà chén jìn shàng yòu zài xīn wáng miàn qián bān
了大臣。靳尚又在新王面前搬
nòng shì fēi qū yuán dì èr cì bèi gǎn chū le chǔ
弄是非，屈原第二次被赶出了楚
guó qū yuán dào chù liú làng piāo bó zài yì xiāng
国。屈原到处流浪，漂泊在异乡。
tā bǎ zì jǐ duì guó jiā de ài xiě chéng le shī
他把自己对国家的爱写成了诗，
dàn tā xīn tóu de chóu mèn què wú fǎ tíng zhǐ
但他心头的愁闷却无法停止。

yì tiān yí wèi lǎo yú fū huá zhe xiǎo chuán
一天，一位老渔夫划着小船
cóng jiāng biān jīng guò kàn jiàn qū yuán gū líng líng de
从江边经过，看见屈原孤零零地
zhàn zài jiāng biān jiù hào qí de wèn yí nǐ bú
站在江边，就好奇地问：“咦？你不

注释 Notes

shè jì
设计：to plot and plan

jiǎo huá
狡猾：sly

xiàn jǐng
陷阱：trap

quàn gào
劝告：advice

guǒ rán
果然：as expected

bēi tòng wàn fēn
悲痛万分：extremely grievous

jì wèi
继位：to succeed to the crown

bān nòng shì fēi
搬弄是非：to tell tales

liú làng
流浪：to wander

piāo bó
漂泊：to lead a wandering life

chóu mèn
愁闷：sadness and depression

gū líng líng
孤零零：alone

hào qí
好奇：curious

shì chǔ guó de dà chén qū yuán ma zěn me zài zhèr
是楚国的大臣屈原吗？怎么在这儿

ne qū yuán tàn le kǒu qì shuō ài wǒ shì yǒu
呢？”屈原叹了口气说：“唉！我是有

jiā bù néng huí ya wǒ yì xīn yí yì wèi guó jiā
家不能回呀！我一心一意为国家

zuò shì què dé bú dào guó wáng de xìn rèn
做事，却得不到国王的信任。”

lǎo yú fū shuō bú yòng zhè me rèn zhēn nǐ
老渔夫说：“不用这么认真。你

kàn hěn duō dà chén bù guǎn guó jiā duō hùn luàn
看，很多大臣，不管国家多混乱，

tā men hái shì zhào yàng chī zhào yàng shuì guò de
他们还是照样吃，照样睡，过得

kuài kuài lè lè de nǐ jiù xué xue tā men ba
快快乐乐的。你就学学他们吧！”

zuò wéi yí gè dà chén jiù yīng gāi wèi guó
“作为一个大臣，就应该为国

jiā fēn yōu zěn me néng zhěng tiān chī hē wán lè hùn
家分忧，怎么能整天吃喝玩乐混

rì zi ne zhè jiù xiàng gāng xǐ guò zǎo de rén
日子呢？这就像刚洗过澡的人，

yí dìng bú yuàn zài chuān shàng zāng yī fu rú guǒ
一定不愿再穿上脏衣服。如果

yào wǒ gēn tā men tóng liú hé wū bù rú tiào dào
要我跟他们同流合污，不如跳到

jiāng li wèi yú suàn le
江里喂鱼算了！”

nà nǐ jiù xué xue wǒ lǎo yú fū ba yǐn
“那你就学学我老渔夫吧，隐

jū zài zhè shān shuǐ jiān huá hua chuán bǔ bu yú
居在这山水间，划划船、捕捕鱼、

kàn kan fēng jǐng chàng chang gē yě tǐng xiāo yáo zì
看看风景、唱唱歌，也挺消遥自

zài de qū yuán kǔ xiào zhe shuō nín zhēn shi
在的。”屈原苦笑着说：“您真是

hǎo fú qi kě wǒ yí kàn jiàn tòng kǔ shēng huó de
好福气，可我一看见痛苦生活的

注释 Notes

yì xīn yí yì
一心一意：with all one's heart; heart and soul

xìn rèn
信任：trust

hùn luàn
混乱：in chaos

zhào yàng
照样：act in the same way

fēn yōu
分忧：to share responsibility

tóng liú hé wū
同流合污：to collude with sb. in evil doings

yǐn jū
隐居：to live as a hermit and refuse to get involved in politics

xiāo yáo zì zài
逍遥自在：carefree

bǎi xìng yì xiǎng dào guó jiā de chǔ jìng xīn jiù bù
百姓，一想到国家的处境，心就不
ān nǎr hái yǒu xīn qíng xīn shǎng fēng jǐng ne
安，哪儿还有心情欣赏风景呢？”
lǎo yú fū yáo yao tóu bǎi bai shǒu bǎ chuán huá
老渔夫摇摇头，摆摆手，把船划
zǒu le
走了。

jiāng biān lěng fēng chuī qǐ yì zhī gū yàn fēi
江边冷风吹起，一只孤雁飞
guò yīn chén chén de tiān kōng qū yuán xiǎng zì jǐ
过阴沉沉的天空。屈原想：自己
jì bù néng bào xiào guó jiā yòu zhǎo bú dào zhì tóng
既不能报效国家，又找不到志同
dào hé de rén huó zài zhè gè shì jiè shang hái yǒu
道合的人，活在这个世界上还有
shén me yì yì ne yú shì tā bào qǐ yí kuài dà
什么意义呢？于是他抱起一块大
shí tou wǎng jiāng li yí tiào chén rù le jiāng
石头，往江里一跳，沉入了江
dǐ yǒng yuǎn lí kāi le zhè gè shì jiè zhè yì
底，永远离开了这个世界。这一
tiān shì nóng lì wǔ yuè wǔ rì
天是农历五月五日。

bǎi xìng men tīng shuō qū yuán tóu jiāng le gǎn
百姓们听说屈原投江了，赶
máng huá zhe chuán lái jiù tā kě xī tài wǎn le
忙划着船来救他，可惜太晚了。
wèi le bú ràng yú chī diào qū yuán de shēn tǐ bǎi
为了不让鱼吃掉屈原的身体，百
xìng men qiāo luó dǎ gǔ xià zǒu yú qún yòu yòng zhú
姓们敲锣打鼓吓走鱼群，又用竹
tǒng zhuāng mǐ fàng rù jiāng zhōng wèi yú
筒装米放入江中喂鱼。

rén men fēi cháng jìng zhòng qū yuán yǐ hòu měi
人们非常敬重屈原，以后每
nián dào le nóng lì wǔ yuè wǔ rì dōu yào huá zhe
年到了农历五月五日，都要划着

注释 Notes

chǔ jìng
处境：plight

bù ān
不安：unsettled

xīn qíng
心情：mood

yàn
雁：wild goose

bào xiào
报效：to render services to repay sb.'s kindness

zhì tóng dào hé
志同道合：have a common goal

qiāo luó dǎ gǔ
敲锣打鼓：to beat gongs and drums

zhú tǒng
竹筒：bamboo tube

jìng zhòng
敬重：to respect

chuán qiāo luó dǎ gǔ de qù jì niàn tā zhè zhú jiàn
船敲锣打鼓地去纪念他。这逐渐
yǎn biàn chéng jīn tiān de huá lóng zhōu bǐ sài zhú tǒng
演变成今天的划龙舟比赛，竹筒
zhuāng mǐ yě biàn chéng zòng yè bāo zòng zi de xí sú
装米也变成粽叶包粽子的习俗
le wǔ yuè wǔ rì jiù chéng le zhōng guó yí ge
了。五月五日就成了中国一个
chuán tǒng jié rì duān wǔ jié
传统节日——端午节。

注释 Notes

jì niàn
纪念：to commemorate

zòng zi
粽子：pyramid-shaped dumpling of glutinous rice

yǎn biàn
演变：to transform

Question 问题

qū yuán wèi shén me bèi gǎn chū le chǔ guó
1. 屈原为什么被赶出了楚国？

qū yuán wèi shén me bú yuàn yì yǐn jū
2. 屈原为什么不愿意隐居？

qū yuán tóu jiāng de yuán yīn shì shén me
3. 屈原投江的原因是什么？

rén men duì qū yuán shì shén me tài du cóng nǎr kě yǐ kàn chū lái
4. 人们对屈原是什么态度，从哪儿可以看出来？

Cultural Note

Qu Yuan (屈原,340 BC—278 BC) was a Chinese scholar and poet from the southern Chu. He was also minister to the King of Chu state during the Warring States Period. His works are mostly found in an anthology of poetry known as *Chu Ci*. His death is traditionally commemorated on the occasion of the Duanwu Festival.

Duanwu Festival (端午节) also named the Dragon Boat Festival, "Chongwu Festival," "Calamus Festival," or "Daughter's Festival," takes place on May 5th in the lunar calendar. It is a very important folk festival with a history of over two thousand years. There are various customary activities carried out to celebrate the Dragon Boat Festival, including eating Zongzi, the steamed glutinous rice wrapped in bamboo leaves, and enjoying the dragon boat race. Also, many people wear a sachet during the festival and drink Chinese wine. There are many legends about the origins of the Dragon Boat Festival. Some people say it is to commemorate the poet Qu Yuan, while some people think it is to memorialize Wu Zixu, a famous official in the Warring States Period. There are some others who regard May 5th in the lunar calendar as the date when the Wuyue people (in the south-east of China) held a memorial totem ceremony in ancient times. However, the legend of Qu Yuan is the most widely believed. People praise highly the lofty sentiments and outstanding talent of this patriotic poet and are empathetic towards his final demise: he drowned himself in a river. In the minds of most Chinese people, the conventions of eating rice dumplings and either participating in or watching the boat race during the festival are all closely related to the commemoration of Qu Yuan.

Zongzi

Dragon Boat Race

Abstract

The Story of Qu Yuan and the Dragon Boat Festival

Qu Yuan was the number one administrator of the kingdom of Chu. Many people were jealous of his position and said lots of bad things about him behind his back. The king wouldn't take his advice in the end and was killed by an enemy in the neighboring kingdom. The new king continued to enjoy the luxurious life and didn't like Qu Yuan either. Later, Qu Yuan was exiled. He wrote many patriotic poems after then.

Qu Yuan met a fisherman, who never cared about the state of country and quite satisfied with his life. Qu Yuan thought that the king couldn't run the country properly, people only cared about themselves, and nobody cared about the future of the country.

This led him to believe that life was meaningless, so he killed himself by drowning himself in the river. Many fishermen tried to rescue him, but the body was never found. Fishermen worried that the fish would eat his body, so they threw bamboo tubes filled with rice into the river to feed the fish. That day was the 5th day of the 5th lunar month. To memorialize the Chinese patriotic poet, the 5th day of the 5th lunar month became the day of the Dragon Boat Festival, which is celebrated to commemorate this attempt at rescuing Qu Yuan.

Unit Six

中国四大名著故事
Stories in Four Classical Novels of Chinese Literature

The Four Great Classical Novels (四大名著) of Chinese literature are the four novels commonly counted by scholars to be the greatest and most influential of classical Chinese fiction. These canonical works are well known to most Chinese readers of the 21st century. The works are considered to be the pinnacle of China's achievement in classical novels, influencing the creation of many stories, theater, movies, games, and other entertainment throughout East Asia, including China, Japan, Korea, and Vietnam.

In chronological order, they are:

Romance of the Three Kingdoms (《三国演义》, 14th century) more recently translated as, simply, *Three Kingdoms*.

Water Margin (《水浒传》) also known as *Outlaws of the Marsh* (14th century).

Journey to the West (《西游记》, 16th century).

Dream of the Red Chamber (《红楼梦》) also known as *The Story of the Stone* (《石头记》, 18th century).

Romance of the Three Kingdoms
《三国演义》

Romance of the Three Kingdoms, written by Luo Guanzhong in the 14th century, is a Chinese historical novel. It is based on events which took place during the turbulent years near the end of the Han Dynasty and the Three Kingdoms era of Chinese history, starting in the year 169 AD and ending with the reunification of the land in the year 280 AD.

The story (part historical, part legend and part myth) chronicles the lives of feudal lords and their retainers, who tried to replace the dwindling Han Dynasty or restore it. While the novel actually follows literally hundreds of characters, the focus is mainly on the three power blocs that emerged from the remnants of the Han Dynasty, and would eventually form the three states of Cao Wei, Shu Han, and Eastern Wu. The novel deals with the battles—personal and military-intrigues, plots, and struggles of the states, each vying for dominance for almost 100 years. This novel also gives readers a sense of how the Chinese view their history as cyclical rather than linear (as in the West). The opening lines of the novel summarize this view: The world under heaven, after a long period of division, tends to unite; after a long period of union, tends to divide. (话说天下大势，分久必合，合久必分。)

Romance of the Three Kingdoms has a total of 800,000 words and nearly a thousand dramatic characters (mostly historical) in 120 chapters. It is arguably the most widely read historical novel in late imperial and modern China.

Sān gù máo lú

三顾茅庐

sān guó yǎn yì

《三国演义》

dōng hàn mò nián zhū gě liàng zhù zài lóng zhōng de máo lú li

东汉末年，诸葛亮住在隆中的茅庐里。

yǒu rén xiàng liú bèi tuī jiàn zhū gě liàng shì gè bù kě duō dé de rén cái kě yǐ bāng zhù nǐ dé dào tiān xià yú shì liú bèi jué dìng qù bài fǎng zhū gě liàng xī wàng tā néng bāng zhù zì jǐ duó qǔ tiān xià

有人向刘备推荐：“诸葛亮是个不可多得的人才，可以帮助你得到天下。”于是刘备决定去拜访诸葛亮，希望他能帮助自己夺取天下。

dì yī cì liú bèi dài le zì jǐ de hǎo xiōng dì guān yǔ zhāng fēi zhǔn bèi le yí fèn lǐ wù dào lóng zhōng qù jiàn zhū gě liàng bù qiǎo nà tiān zhū gě liàng bú zài jiā liú bèi bái zǒu le yí tàng zài huí qù de lù shang tā yù dào yí gè rén zhèng cháo zhū gě liàng jiā zǒu lái nǐ yí dìng jiù shì zhū gě xiān sheng ba liú bèi gāo xìng de shuō ò bù wǒ shì zhū gě liàng de péng you yě shì lái zhǎo tā de liú bèi zhǐ néng shī wàng

第一次，刘备带了自己的好兄弟关羽、张飞，准备了一份礼物，到隆中去见诸葛亮。不巧，那天诸葛亮不在家，刘备白走了一趟。在回去的路上，他遇到一个人正朝诸葛亮家走来。“你一定就是诸葛先生吧？”刘备高兴地说。“哦，不，我是诸葛亮的朋友，也是来找他的。”刘备只能失望

注释 Notes

- 顾 (gù): to visit
- 茅庐 (máo lú): thatched cottage
- 东汉 (dōng hàn): the Eastern Han Dynasty (25—220)
- 末年 (mò nián): last years of a dynasty or reign
- 隆中 (lóng zhōng): a place now in Xiangfan City of Hubei Province
- 推荐 (tuī jiàn): to recommend
- 不可多得 (bù kě duō dé): rare; seldom encountered
- 人才 (rén cái): person with ability
- 拜访 (bài fǎng): to visit
- 天下 (tiān xià): the world
- 夺取 (duó qǔ): to seize
- 不巧 (bù qiǎo): unluckily

de huí qù le
地回去了。

guò le jǐ tiān tīng shuō zhū gě liàng huí jiā le liú bèi xiǎng mǎ shàng qù jiàn tā zhè shí zhèng shì dōng tiān tiān hán dì dòng zhāng fēi shuō tiān qì tài lěng le gē ge bú yòng qīn zì qù jiàn tā bǎ tā jiào lái bú jiù xíng le ma liú bèi shuō zhǐ yǒu qīn zì qù cái néng xiǎn chū wǒ de chéng yì lái a yú shì liú bèi hé guān yǔ zhāng fēi mào zhe dà fēng xuě dì èr cì qù bài fǎng zhū gě liàng tā men qiāo mén jìn qù jiàn dào le yí wèi shào nián
过了几天，听说诸葛亮回家了，刘备想马上去见他。这时正是冬天，天寒地冻。张飞说："天气太冷了，哥哥不用亲自去见他。把他叫来不就行了吗？"刘备说："只有亲自去，才能显出我的诚意来啊。"于是刘备和关羽、张飞冒着大风雪，第二次去拜访诸葛亮。他们敲门进去，见到了一位少年。

zhū gě xiān sheng zhōng yú jiàn dào nín la
"诸葛先生，终于见到您啦！"

nín shì liú bèi liú xiān sheng ba wǒ shì zhū gě liàng de dì di
"您是刘备刘先生吧？我是诸葛亮的弟弟。"

nǐ gē ge ne
"你哥哥呢？"

tā hé péng you yì qǐ chū qù le
"他和朋友一起出去了。"

qù nǎr le
"去哪儿了？"

kě néng qù jiāng shang diào yú yě kě néng qù shān shang yóu lǎn hái kě néng qù péng you jiā
"可能去江上钓鱼，也可能去山上游览，还可能去朋友家

注释 Notes

xiǎn chū
显出：to show

chéng yì
诚意：sincerity

mào zhe
冒着：to run (a risk)

yóu lǎn
游览：to see the sight (of)

tán qín xià qí
弹琴下棋。”

tā shén me shí hou huí lái ne
“他什么时候回来呢？”

zhè wǒ yě bù zhī dào
“这，我也不知道。”

wǒ yǔ xiān sheng zhēn méi yǒu yuán fèn a
“我与先生真没有缘分啊。”

liú bèi tàn le yì kǒu qì
刘备叹了一口气。

zhāng fēi běn lái jiù bù xiǎng lái jiàn zhū gě liàng bú zài jiā jiù cuī zhe yào huí qù liú bèi zhǐ děi liú xià yì fēng xìn lí kāi le
张飞本来就不想来，见诸葛亮不在家，就催着要回去。刘备只得留下一封信离开了。

dōng qù chūn lái liú bèi zhǔn bèi zài qù qǐng zhū gě liàng wèi le biǎo dá chéng yì tā sān tiān méi yǒu chī ròu hái huàn le gān jìng de yī fu guān yǔ hé zhāng fēi dōu bú nài fán le guān yǔ shuō zhū gě liàng bù yí dìng yǒu zhēn cái shí xué bú yòng qù le zhāng fēi shuō wǒ yí gè rén qù jiù kě yǐ le rú guǒ tā bù lái wǒ jiù yòng shéng zi bǎ tā kǔn lái liú bèi tīng le hěn shēng qì zěn me néng zhè yàng shuō ne zhū gě xiān sheng kě bú shì tú yǒu xū míng yú shì tā men dì sān cì qù bài fǎng zhū gě liàng dào zhū gě liàng
冬去春来，刘备准备再去请诸葛亮。为了表达诚意，他三天没有吃肉，还换了干净的衣服。关羽和张飞都不耐烦了，关羽说：“诸葛亮不一定有真才实学，不用去了！”张飞说：“我一个人去就可以了。如果他不来，我就用绳子把他捆来。”刘备听了很生气：“怎么能这样说呢，诸葛先生可不是徒有虚名。”于是他们第三次去拜访诸葛亮。到诸葛亮

注释 Notes

yuán fèn
缘分：predestined affinity or relationship

cuī
催：to urge

bú nài fán
不耐烦：be weary of

zhēn cái shí xué
真才实学：genuine ability and learning

kǔn
捆：to bundle

tú yǒu xū míng
徒有虚名：have all one's goods in the window

jiā shí tā zhèng zài shuì jiào liú bèi jiù yì zhí
家时，他正在睡觉，刘备就一直
zài wài miàn děng zhí dào zhū gě liàng xǐng lái cái
在外面等，直到诸葛亮醒来，才
jìn qù
进去。

zhè cì liú bèi zhōng yú jiàn dào le zhū gě
这次，刘备终于见到了诸葛
liàng zhū gě liàng duì tiān xià xíng shì zuò le fēi cháng
亮。诸葛亮对天下形势作了非常
jīng pì de fēn xī liú bèi shí fēn pèi fú
精辟的分析，刘备十分佩服。

liú bèi sān gù máo lú shǐ zhū gě liàng fēi
刘备“三顾茅庐”使诸葛亮非
cháng gǎn dòng tā dā ying chū lái bāng zhù liú bèi duó
常感动，他答应出来帮助刘备夺
qǔ tiān xià liú bèi yǒu le zhū gě liàng jiù xiàng
取天下。刘备有了诸葛亮，就像
yú yǒu le shuǐ yí yàng hěn kuài jiàn lì le shǔ guó
鱼有了水一样，很快建立了蜀国，
chéng wéi yǔ wèi guó wú guó píng fēn tiān xià de sān
成为与魏国、吴国平分天下的三
guó zhī yī
国之一。

注释 Notes

xíng shì
形势：situation

jīng pì
精辟：incisive

fēn xī
分析：to analysis

pèi fú
佩服：to admire

shǔ guó wèi guó wú guó
蜀国、魏国、吴国：the three kingdoms: Shu Han, Cao Wei and Eastern Wu

liú bèi wèi shén me yào qǐng zhū gě liàng
1. 刘备为什么要请诸葛亮？

liú bèi shì zěn yàng qǐng chū zhū gě liàng de
2. 刘备是怎样请出诸葛亮的？

zhū gě liàng wèi shén me dā yìng bāng zhù liú bèi
3. 诸葛亮为什么答应帮助刘备？

Cultural Note

Luo Guanzhong (罗贯中) was a Chinese writer attributed with writing *Romance of the Three Kingdoms* (《三国演义》), and editing *Water Margin* (《水浒传》), two of the Four Great Classical Novels of Chinese literature. Luo is confirmed to have lived during the late Yuan Dynasty and early Ming Dynasty.

Zhuge Liang (诸葛亮, 181—234) was the chancellor of Shu Han during the Three Kingdoms period of Chinese history. He is often recognized as the greatest and most accomplished strategist of his era. Often depicted wearing a robe and holding a hand fan made of crane feathers, Zhuge was not only an important military strategist and statesman, but also an accomplished scholar and inventor. His reputation as an intelligent and learned scholar grew even while he was living in relative seclusion, earning him the nickname Wolong (卧龙, literally: Crouching Dragon).

Liu Bei (刘备, 161—223) was a warlord, military general and later the founding emperor of the state of Shu Han during the Three Kingdoms era of Chinese history. Despite having a later start than his rivals and lacking both the material resources and social status they commanded, Liu overcame many disadvantages to carve out his own realm, which at its peak spanned modern day Sichuan, Guizhou, Hu'nan, part of Hubei and part of Gansu. Liu is widely known as the ideal benevolent, humane ruler who cared for his people and selected good advisors for his government. His fictional character was a salutary example of a ruler who adhered to the core set of Confucian moral values, such as loyalty and compassion. Historically, Liu is revered as a skillful Legalist politician. Therefore, his political philosophy can be best described as having a Confucian exterior covering a core of Legalism, similar to that of most Chinese rulers since the Han Dynasty.

Guan Yu (关羽,?—220) was a general serving under the warlord Liu Bei during the late Eastern Han Dynasty era of China. He played a significant role in the civil war that led to the collapse of the Han Dynasty and the establishment of Shu Han of the Three Kingdoms, of which Liu Bei was the first emperor. As one of the best known Chinese historical figures throughout East Asia, Guan is respected as the epitome of loyalty and righteousness. Guan was deified as early as the Sui Dynasty and is still worshipped by many Chinese people today. He is also a very popular figure among overseas Chinese. He is a figure in Chinese folk religion, popular Confucianism, Taoism, and Chinese Buddhism, and small shrines to Guan are ubiquitous in traditional Chinese shops and restaurants.

Zhang Fei (张飞,?—221) was a military general of the Shu Han during the Three Kingdoms era of Chinese history. He was sworn brothers with Liu Bei and Guan Yu, and was the youngest of the three. He also became one of the Five Tiger Generals of the Shu Han in a later chapter. Zhang was shown as an exceedingly loyal and formidable warrior, but also a short-tempered man. Zhang was also described as an alcoholic, a problem which affected his judgment from time to time.

Three Visits to the Cottage

Romance of the Three Kingdoms

In the last years of East Han Dynasty, Liu Bei, a warlord, was searching for talented people everywhere to assist him to be the King of the country. He heard of a very wise and knowledgeable man called Zhuge Liang who lived in Longzhong. Liu decided to invite him to be his prime minister.

In the year 207AD, Liu Bei and his sworn brothers Guan Yu and Zhang Fei travelled to Longzhong to ask Zhuge Liang to assist them. When they arrived, Zhuge was not there, so they returned home disappointedly. Later, they tried again. Again, they failed to see Zhuge who had been out wandering about for days and had not returned. This time, Liu Bei left a note expressing his desire for Zhuge to become prime minister. Some days passed and Liu wanted to make the third visit. Guan and Zhang tried to stop him, but in vain. This time, Zhuge Liang was at home but he was sleeping. Liu left Guan and Zhang standing at the door, and went inside alone and stood by the bed. When Zhuge woke up and saw him, he was moved by Liu's perseverance and sincerity. He complied with Liu's request and became his prime minister. With the help of Zhuge, Liu establish the State of Shu and enlarged his territory.

Since then, people refer to this story when they wish to describe an act of sincerity and eagerness.

Water Margin
《水浒传》

Water Margin, also known as *Outlaws of the Marsh*, is one of the Four Great Classical Novels in the Chinese literary canon. It tells how, during the Northern Song Dynasty (960 AD—1127 AD), 108 men from humble stations in life or from the lower ranks of officialdom were compelled by injustice to seek sanctuary in the mountain of Liangshan. Under the leadership of Song Jiang, they performed heroic deeds, resisted the bureaucratic army of the ruling dynasty, humiliated the rich into helping the poor. This novel is notable for the outstanding freshness and individuality of its characterization, and its powerfully moving narrative. It played a significant role in the history of the development of Chinese literature.

Though *Water Margin* appeared as a novel in the 14th century, prior to this, its episodes had long been circulated among the common people in the form of prompt books for itinerant story-tellers. As a novel, it was reprinted in many forms, and has been translated into many languages from as early as the 18th century.

Wǔ sōng dǎ hǔ
武松打虎

shuǐ hǔ zhuàn
《水浒传》

wǔ sōng huí jiā kàn wàng gē ge tú zhōng lù guò jǐng yáng gāng
武松回家看望哥哥，途中路过景阳冈。

zhèng shì chī wǔ fàn de shí hou wǔ sōng jiàn jǐng yáng gāng xià yǒu jiā jiǔ diàn jiù jìn qù chī fàn tā yào le niú ròu hé jiǔ biān chī biān hē kě shì sān wǎn jiǔ hòu jiù méi yǒu rén zài lái gěi tā tiān jiǔ le
正是吃午饭的时候，武松见景阳冈下有家酒店，就进去吃饭。他要了牛肉和酒，边吃边喝。可是，三碗酒后，就没有人再来给他添酒了。

zěn me méi rén lái tiān jiǔ wǔ sōng dà shēng hǎn dào ròu kě yǐ zài gěi nín tiān jiǔ què bù kě yǐ zài jiā le diàn zhǔ rén shuō
"怎么没人来添酒？"武松大声喊道。"肉可以再给您添，酒却不可以再加了。"店主人说。

zhè shì wèi shén me wǔ sōng jué de qí guài
"这是为什么？"武松觉得奇怪。

nín méi kàn dào wǒ men diàn de zhāo pai sān wǎn bú guò gāng ma wǒ men diàn de jiǔ suī rán shì cūn jiǔ hòu jìnr què dà zhǐ yào hē le sān wǎn jiù huì zuì guò bù liǎo qián mian de shān
"您没看到我们店的招牌'三碗不过冈'吗？我们店的酒虽然是村酒，后劲儿却大，只要喝了三碗，就会醉，过不了前面的山

注释 Notes

kàn wàng
看望：to visit

tú zhōng
途中：on the way

jǐng yáng gāng
景阳冈：a place now of Yanggu County in Shandong Province

tiān
添：to add

zhāo pai
招牌：signboard

gāng
冈：ridge

hòu jìnr
后劲儿：delayed effect

zuì
醉：drunk

gāng
冈。”

wǔ sōng bú xìn wǒ yǐ jīng hē le sān
武松不信：“我已经喝了三

wǎn zěn me hái méi zuì
碗，怎么还没醉？”

wǒ men zhè jiǔ yòu jiào chū mén dǎo gāng
“我们这酒又叫‘出门倒’，刚

hē xià de shí hou méi shìr guò yí huìr jiù
喝下的时候没事儿，过一会儿就

zuì dǎo le
醉倒了。”

wǔ sōng hái shì bú xìn qǔ chū yín zi
武松还是不信，取出银子

pā de yì shēng fàng zài zhuō shang wǒ yòu
“啪”的一声放在桌上，“我又

bú shì méi qián mǎi jiǔ kuài gěi wǒ dào shàng
不是没钱买酒，快给我倒上！”

diàn zhǔ rén méi yǒu bàn fǎ zhǐ hǎo yòu gěi tā
店主人没有办法，只好又给他

tiān le jiǔ hé niú ròu qián qián hòu hòu wǔ sōng yí
添了酒和牛肉。前前后后，武松一

gòng hē le shí bā wǎn jiǔ
共喝了十八碗酒。

hē wán jiǔ wǔ sōng jiù yào chū mén diàn zhǔ
喝完酒，武松就要出门。店主

rén jiào zhù tā shuō jǐng yáng gāng shang yǒu lǎo hǔ
人叫住他说：“景阳冈上有老虎

chī rén jīn tiān yǐ jīng tài wǎn le nín hái shì děng
吃人，今天已经太晚了，您还是等

míng tiān rén duō de shí hou yì qǐ zǒu ba bié
明天人多的时候一起走吧。”“别

yòng lǎo hǔ lái xià wǒ nǐ shì xiǎng ràng wǒ zhù zài
用老虎来吓我！你是想让我住在

nǐ de diàn li duō zhuàn diǎnr jiǔ qián ba wǔ
你的店里，多赚点儿酒钱吧！”武

sōng hā hā xiào zhe xiàng gāng shang zǒu qù zǒu le
松哈哈笑着向冈上走去。走了

yín zi
银子：silver

xià
吓：to frighten

zhuàn qián
赚钱：to make money

yí huìr zhǐ jiàn yì kē shù shang xiě zhe
一会儿，只见一棵树上写着：
shān shang yǒu lǎo hǔ qǐng dà jiā jié huǒ chéng duì
“山上有老虎，请大家结伙成队
guò shān zhù yì ān quán wǔ sōng xiǎng zhè yí
过山，注意安全。”武松想这一
dìng shì diàn zhǔ rén xiě lái xià rén de yú shì jì
定是店主人写来吓人的，于是继
xù wǎng qián zǒu
续往前走。

tài yáng kuài xià shān shí wǔ sōng lái dào yí
太阳快下山时，武松来到一
zuò pò miào qián kàn jiàn miào mén shang tiē le yì
座破庙前，看见庙门上贴了一
zhāng guān fǔ gào shi wǔ sōng dú hòu cái zhī dào
张官府告示。武松读后，才知道
shān shang zhēn yǒu lǎo hǔ kě shì yào huí qù zhù
山上真有老虎，可是要回去住
diàn yòu pà diàn zhǔ rén xiào hua jiù jì xù xiàng
店，又怕店主人笑话，就继续向
qián zǒu bù yí huìr tā jiù jué de tóu hūn jiǎo
前走。不一会儿，他就觉得头昏脚
ruǎn biàn zhǎo le yí kuài dà shí tou tǎng le xià
软，便找了一块大石头，躺了下
lái gāng yào shuì zháo hū rán tīng dào yì shēng dà
来。刚要睡着，忽然听到一声大
hǒu zhǐ jiàn yì zhī dà lǎo hǔ cháo tā pū le guò
吼，只见一只大老虎朝他扑了过
lái wǔ sōng jí máng yí tiào shǎn kāi le lǎo hǔ
来。武松急忙一跳，闪开了。老虎
zhuǎn shēn yòu pū le guò lái wǔ sōng yòu duǒ kāi
转身又扑了过来，武松又躲开
le zhè xià lǎo hǔ jí le dà hǒu yì shēng yòng
了。这下老虎急了，大吼一声，用
wěi ba xiàng wǔ sōng sǎo guò lái wǔ sōng yòu jí
尾巴向武松扫过来。武松又急
máng tiào kāi bìng chèn lǎo hǔ zhuǎn shēn de yí shùn
忙跳开，并趁老虎转身的一瞬

注释 Notes

jié huǒ chéng duì
结伙成队：team up

miào
庙：temple

guān fǔ
官府：feudal official

gào shi
告示：notice

dà hǒu
大吼：to groan

pū
扑：to pounce on

shǎn kāi
闪开：to dodge

duǒ
躲：to dodge

yí shùn jiān
一瞬间：in the twinkle of an eye (a very short time)

jiān jǔ qǐ gùn zi shǐ jìnr xiàng lǎo hǔ tóu
间，举起棍子，使劲儿向老虎头

shang dǎ le xià qù kě xī gùn zi dǎ zài shù
上打了下去。可惜，棍子打在树

zhī shang duàn le lǎo hǔ zhè xià fā le kuáng
枝上断了。老虎这下发了狂，

zhāng kāi dà zuǐ xiàng wǔ sōng chōng le guò lái wǔ
张开大嘴，向武松冲了过来。武

sōng rēng diào gùn zi tiào dào lǎo hǔ bèi shang zuǒ
松扔掉棍子，跳到老虎背上，左

shǒu jiū zhù lǎo hǔ tóu shang de pí yòu shǒu yòng
手揪住老虎头上的皮，右手用

lì de dǎ lǎo hǔ de tóu méi duō jiǔ lǎo hǔ de
力地打老虎的头。没多久，老虎的

yǎn jing zuǐ ba bí zi ěr duo dōu liú chū xiě
眼睛、嘴巴、鼻子、耳朵都流出血

lái pā zài dì shang bù néng dòng le wǔ sōng pà lǎo
来，趴在地上不能动了。武松怕老

hǔ zhuāng sǐ jiǎn qǐ gùn zi yòu dǎ le yí huìr
虎装死，捡起棍子又打了一会儿，

kàn dào nà lǎo hǔ què shí méi qì le cái tíng le
看到那老虎确实没气了，才停了

fā kuáng
发狂：to become crazy

chōng
冲：to dash

jiū
揪：to hold tight

pā
趴：to lie (on the belly)

zhuāng sǐ
装死：play dead

què shí
确实：indeed

xià lái
下来。

cóng cǐ wǔ sōng wēi míng dà zhèn bèi rén chēng
从此武松威名大震，被人称

wéi dǎ hǔ yīng xióng
为“打虎英雄”。

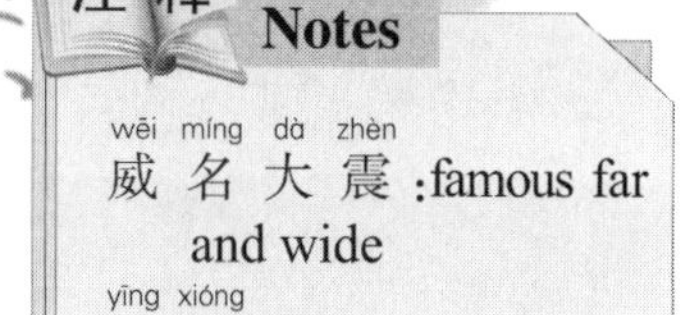

注释 Notes

wēi míng dà zhèn
威名大震：famous far and wide

yīng xióng
英雄：hero

Question 问题

diàn zhǔ rén wèi shén me bù gěi wǔ sōng tiān jiǔ
1. 店主人为什么不给武松添酒？

wǔ sōng zhī dào shān shang yǒu lǎo hǔ wèi shén me hái yào jì xù xiàng qián zǒu
2. 武松知道山上有老虎，为什么还要继续向前走？

wǔ sōng shì zěn me dǎ sǐ lǎo hǔ de
3. 武松是怎么打死老虎的？

Cultural Note

Shi Nai'an (**施耐庵**, 1296—1372), was a Chinese writer from Suzhou. He was attributed as being the first compiler of the *Water Margin*, one of the Four Great Classical Novels of Chinese literature.

Not much biographical information is known about him. Some modern scholars doubt that Shi actually existed, and believe he was a teacher of Luo Guanzhong, who was attributed as a main compiler of *Romance of Three Kingdoms*.

Wu Song (**武松**) is a fictional character in *Water Margin*. He ranks 14th of the 36 Heavenly Spirits of the 108 Liangshan heroes and is nicknamed "Traveller."

Wu appears in *Jin Ping Mei*, a spinoff of *Water Margin*, as well. He is famous for killing a tiger with his bare hands and avenging the murder of his older brother.

Wu is from Qinghe County (now Dongping County, Tai'an, Shandong). He is good-looking, with eyes that shine like stars, thick eyebrows, a wide chest and a muscular body. He stands at eight chi and is of impressive stature. Once, he knocked out a person in a drunken fit. Mistakenly believing that he killed that person, he flees to Chai Jin's residence for security and meets Song Jiang there. The two later become sworn brothers.

On his way home, Wu passes by Jingyang Ridge and kills the fierce man-eating tiger there with his bare hands. He makes his name for his heroic deed and is offered the post of a chief constable in Yanggu County. Coincidentally, he meets his older brother "Three-inch Nail" Wu Dalang, who has moved there recently.

Wu Song Beats the Tiger

Water Margin

On his way to visit his brother, Wu Song was at a place called Jingyang Ridge. Though a bit drunk, he began to climb the mountain. Before long he saw a sign on a tree: "Go in groups. Do not take risks." Wu Song reasoned that the sign must have been written by the inn keeper at the foot of the mountain for the sake of scaring travellers into spending the night at his inn. He did not pay attention to the sign and continued on his way.

At sunset, he came to an old temple on top of the mountain. There, Wu Song saw an official notice about tigers on the mountain. Still, he decided not to return to the inn at the foot of the mountain for fear that the owner would laugh at him. He felt too drunk to walk on, so he decided to lie down on a slab of gray stone.

Just as he was about to fall asleep, he felt a gust of wind whistling around him: it was a mammoth tiger charging at him. Wu Song immediately turned his body and dodged the animal. The tiger leapt again, but Wu Song managed to evade it. The beast got so angry that it used its tail to sweep toward Wu Song. Wu Song jumped to dodge the attack. He lifted his cudgel to hit the tiger while it was turning around, but his cudgel caught the branches of a tree and broke into two. The tiger was annoyed and launched another assault. Wu Song threw away the remnant of his cudgel and jumped onto the back of the tiger. With his left hand, he grabbed the skin on the head of the tiger, and used his right fist to hit the head of the tiger. Before long, the eyes, mouth, nose, ears of the tiger were all bleeding and it lay on the ground motionless. Wu Song was afraid that the tiger was pretending to be dead, so he wielded the broken cudgel to hit the tiger until he was sure it was dead. This incident on Jingyang Ridge made Wu Song famous far and wide.

This incident on Jingyang Ridge made Wu Song famous far and wide, and he was called "Hero" due to his legendarg story.

Journey to the West

《西游记》

Journey to the West is one of the Four Great Classical Novels of the Chinese literary canon. Originally published anonymously in the 1590's, during the Ming Dynasty, its authorship has been ascribed to the scholar Wu Cheng'en since the 20th century.

The novel is a fictionalised account of the legendary pilgrimage to India of the Buddhist monk Xuanzang. The monk travelled to the "Western Regions" during the Tang Dynasty, to obtain sacred texts. The Bodhisattva Guanyin, on instruction from the Buddha, gives this task to the monk and his three protectors in the form of disciples — namely Sun Wukong, Zhu Bajie and Sha Wujing—together with a dragon prince who acts as Xuanzang's steed, a white horse. These four characters agreed to help Xuanzang as atonement for past sins.

Journey to the West has penetrated Chinese folk religion, Chinese mythology, and Chinese value systems; the pantheon of Taoist immortals and Buddhist bodhisattvas is still reflective of some Chinese folk religious beliefs today. Enduringly popular, the tale is at once an adventure story, a spring of spiritual insight, and an extended allegory in which the group of pilgrims journeying toward India represent an individual journeying towards enlightenment.

Sān dǎ bái gǔ jīng
三打白骨精

xī yóu jì
《西游记》

táng sēng shī tú sì rén xī tiān qǔ jīng lái dào
唐僧师徒四人西天取经来到
yí zuò gāo shān qián táng sēng jué de è le jiù
一座高山前。唐僧觉得饿了，就
ràng sūn wù kōng qù zhǎo xiē chī de wù kōng lí kāi
让孙悟空去找些吃的。悟空离开
shí yòng jīn gū bàng huà le gè yuán quānr ràng shī
时用金箍棒画了个圆圈儿，让师
fu shī dì zuò zài quānr li bìng gào su tā men
父、师弟坐在圈儿里，并告诉他们
shān li yǒu yāo guài qiān wàn bú yào zǒu chū quān zi
山里有妖怪，千万不要走出圈子！

zhè shān li zhù zhe gè bái gǔ jīng tā tīng
这山里住着个白骨精，她听
shuō chī le táng sēng ròu néng cháng shēng bù lǎo jiù
说吃了唐僧肉能长生不老，就
chèn wù kōng lí kāi de shí hou qù zhuā táng sēng tā
趁悟空离开的时候去抓唐僧。她
gāng kào jìn táng sēng tā men jiù bèi yuán quānr fā
刚靠近唐僧他们，就被圆圈儿发
chū de jīn guāng cì de tóu hūn yǎn huā yú shì
出的金光刺得头昏眼花。于是，
bái gǔ jīng biàn chéng yí gè lái gěi hé shang sòng fàn
白骨精变成一个来给和尚送饭
de cūn gū xiǎng bǎ táng sēng tā men piàn chū lái
的村姑，想把唐僧他们骗出来。
zhū bā jiè zuǐ chán wén dào fàn cài de xiāng wèi zhí
猪八戒嘴馋，闻到饭菜的香味直
liú kǒu shuǐ quàn táng sēng zǒu chū quān zi qù chī fàn
流口水，劝唐僧走出圈子去吃饭。

zhèng zài zhè shí wù kōng cóng nán shān zhāi le
正在这时，悟空从南山摘了

注释 Notes

shī tú
师徒：master and apprentice

xī tiān qǔ jīng
西天取经：to go to the West to obtain sacred texts

jīn gū bàng
金箍棒：will-following golden-banded staff

yāo guài
妖怪：demon

bái gǔ jīng
白骨精：White Skeleton Demon

cháng shēng bù lǎo
长生不老：immortality

chèn
趁：to take the advantage of

kào jìn
靠近：to close up

zuǐ chán
嘴馋：greediness

táo zi huí lái yòng huǒ yǎn jīn jīng yí kàn rèn chū
桃子回来，用火眼金睛一看，认出
cūn gū shì gè yāo jing jǔ qǐ jīn gū bàng jiù dǎ
村姑是个妖精，举起金箍棒就打。
yāo jing liú xià yí jù jiǎ shī tǐ biàn chéng qīng yān
妖精留下一具假尸体，变成轻烟
táo zǒu le
逃走了。

táng sēng zé guài wù kōng suí biàn shā rén wù
唐僧责怪悟空随便杀人。悟
kōng gào su táng sēng zhè shì yāo guài biàn de bìng dǎ
空告诉唐僧这是妖怪变的，并打
kāi sòng fàn de guàn zi lǐ miàn tiào chū lái jǐ zhī
开送饭的罐子，里面跳出来几只
lài há ma gēn běn méi yǒu shén me fàn cài táng sēng
癞蛤蟆，根本没有什么饭菜。唐僧
zhè cái yǒu diǎnr xiāng xìn nà cūn gū shì yāo guài
这才有点儿相信那村姑是妖怪。

bái gǔ jīng bù sǐ xīn yòu biàn chéng lǎo pó
白骨精不死心，又变成老婆
po lái piàn táng sēng yí lù hǎn zhe nǚ ér
婆来骗唐僧，一路喊着："女儿

注释 Notes

huǒ yǎn jīn jīng
火眼金睛：fiery golden eyes

yān
烟：smoke

zé guài
责怪：to blame

suí biàn
随便：do as one likes

guàn zi
罐子：pot

lài há ma
癞蛤蟆：toad

a nǐ zài nǎ lǐ bá jiè shuō shī fu
啊，你在哪里？”八戒说：“师父，
zhè xià má fan le lǎo pó po kàn jiàn dì shang
这下麻烦了。”老婆婆看见地上
de jiǎ shī tǐ yì bǎ zhuā zhù táng sēng kū zhe
的假尸体，一把抓住唐僧哭着
shuō wǒ nǚ ér zěn me sǐ le wǒ yào nǐ cháng
说：“我女儿怎么死了？我要你偿
mìng wù kōng yí xià zi jiù rèn chū zhè hái shì
命！”悟空一下子就认出这还是
gāng cái nà gè yāo guài biàn de jǔ qǐ bàng jiù dǎ
刚才那个妖怪变的，举起棒就打。
nà yāo guài yòu diū le jù jiǎ shī tǐ táo zǒu le
那妖怪又丢了具假尸体，逃走了。

táng sēng qì jí le nǐ zěn me lián xù shā
唐僧气极了：“你怎么连续杀
le liǎng gè rén bù děng wù kōng jiě shì yì kǒu
了两个人？”不等悟空解释，一口
qì niàn le èr shí biàn jǐn gū zhòu wù kōng tóu tòng
气念了二十遍紧箍咒。悟空头痛
nán rěn lián máng āi qiú
难忍，连忙哀求。

táng sēng shuō dào nǐ wèi shén me bù tīng
唐僧说道：“你为什么不听
quàn ne dǎ sǐ yí gè yòu dǎ sǐ yí gè
劝呢，打死一个，又打死一个？”

tā shì yāo guài
“她是妖怪！”

hú shuō nǎ yǒu nà me duō yāo guài nǐ
“胡说！哪有那么多妖怪！你
tài cán rěn le nǐ zǒu ba
太残忍了，你走吧！”

rú guǒ shī fu zhēn bú yào wǒ jiù qǐng zhāi
“如果师父真不要我，就请摘
xià wǒ tóu shang de jīn gūr
下我头上的金箍儿！”

wǒ zhǐ xué guò jǐn gū zhòu dàn bù zhī dào
“我只学过紧箍咒，但不知道

注释 Notes

cháng mìng
偿命：to pay with one's life

jǐn gū zhòu
紧箍咒：Tightening-Crown Spell

āi qiú
哀求：to implore

cán rěn
残忍：cruel

sōng gū zhòu kǒng pà zhāi bú xià lái
松箍咒，恐怕摘不下来。”

nà nǐ hái shì dài wǒ zǒu ba
“那你还是带我走吧。”

táng sēng méi yǒu bàn fǎ wǒ zài ráo nǐ zhè
唐僧没有办法：“我再饶你这

yí cì dàn nǐ bù néng zài shā rén le wù kōng
一次，但你不能再杀人了。”悟空

lián máng diǎn tóu dā ying fú táng sēng shàng le mǎ
连忙点头答应，扶唐僧上了马，

jì xù xiàng qián zǒu
继续向前走。

bái gǔ jīng bù gān xīn fàng zǒu táng sēng yòu
白骨精不甘心放走唐僧，又

biàn chéng yí gè bái fà lǎo gōng gong jiǎ zhuāng lái
变成一个白发老公公，假装来

zhǎo tā de qī zi hé nǚ ér wù kōng kàn nà gè
找他的妻子和女儿。悟空看那个

yāo guài yòu lái le pà tā táo zǒu jiù zhǎo lái
妖怪又来了，怕她逃走，就找来

shān shén tǔ dì shén bāng máng zhè cì sān rén
山神、土地神帮忙。这次，三人

hé lì zhōng yú zhì fú le yāo guài yāo guài sǐ
合力，终于制服了妖怪。妖怪死

hòu biàn chéng le yì duī bái gǔ bái gǔ shang kè zhe
后变成了一堆白骨，白骨上刻着

bái gǔ fū rén sì gè zì táng sēng zhè shí cái
“白骨夫人”四个字。唐僧这时才

míng bai zì jǐ yǐ qián cuò guài le sūn wù kōng
明白，自己以前错怪了孙悟空。

注释 Notes

sōng
松 :to loosen

ráo
饶 :to forgive

bù gān xīn
不甘心 :to not resign oneself to

zhì fú
制服 :to bring under control

bái gǔ
白骨 :human skeleton

kè
刻 :to engrave

cuò guài
错怪 :to blame sb. wrongly

bái gǔ jīng sān cì fēn bié biàn chéng le shén me
1. 白骨精三次分别变成了什么？

táng sēng wèi shén me zé guài sūn wù kōng
2. 唐僧为什么责怪孙悟空？

sūn wù kōng zuì hòu zěn me dǎ sǐ bái gǔ jīng de
3. 孙悟空最后怎么打死白骨精的？

Cultural Note

Wu Cheng'en (吴承恩 1501—1582), pen name "Sheyang Hermit," was a Chinese novelist and poet of the Ming Dynasty, best known for being the probable author of *Journey to the West*. Wu was born in Lianshui (now in Jiangsu Province), and later moved to nearby Huai'an.

Tang Seng (唐僧) is a Tang Dynasty Buddhist monk, also named Monk Xuanzang (玄奘和尚) or Tang Sanzang (唐三藏) — who renounced his family in childhood to become a monk. He is simply called Tripitaka in many English versions of the story. He sets off for Dahila kingdom (天竺国) — an appellation for India in Ancient China to retrieve the Buddhist scriptures for China. As he cannot defend himself, the bodhisattva gives him powerful disciples to aid and protect him on his journey. In return, the disciples receive enlightenment and forgiveness for their sins once the journey is over. Along the way, they help the local inhabitants by defeating various monsters and demons who are trying to obtain immortality by eating Xuanzang's flesh.

Sun Wukong (孙悟空), also called Monkey King, was previously known as "Great Sage Equal to Heaven (齐天大圣)." Trapped by Buddha for rebelling against Heaven, the most intelligent and violent of the disciples, he is constantly reproved for his violence by Xuanzang. Ultimately, he can only be controlled by a magic gold band that the Bodhisattva places around his head, which causes him unbearable headaches when Xuanzang chants the Tightening-Crown Spell (紧箍咒).

His primary weapon is the "will-following golden-banded staff (金箍棒)," which he can shrink down to the size of a needle and keep behind his ear, and also expand to gigantic proportions (hence the "will-following" is a part of the name). He has fiery golden eyes (火眼金睛) which can identify all demons' transformations. Besides these abilities, he can also pluck hairs from his body and blow on them to convert them into whatever he wishes (usually clones of himself to gain a numerical advantage in battle). Although he is a master of the 72 methods of transformation (七十二变), including the ability to turn himself into a bird, which would give him the ability to fly, he can also do a "cloud somersault (筋斗云)," enabling him to travel vast distances in a single leap. The monkey, nimble and quick-witted, uses these skills to defeat most powerful demons on the journey.

Zhu Bajie **(猪八戒)**, Literally Eight-Precepts Pig, is sometimes translated as Pigsy or just Pig. He was previously Marshal Tianpeng (天蓬元帅), commander of the Heavenly Naval forces, banished to the mortal realm for flirting with Chang'e, Princess of the Moon. A reliable fighter, he is characterized by his insatiable appetite for food and sex, and is constantly looking for a way out of his duties, which causes significant conflict with Sun Wukong.

Sha Wujing **(沙悟净)** is the river-ogre, also translated as Friar Sand or Sandy. He was previously the celestial Curtain-Lifting General (卷帘大将), banished to the mortal realm for dropping (and shattering) a crystal goblet belonging to the Heavenly Queen Mother. He is a quiet but generally dependable character, who serves as the straight foil to the comic relief of Sun and Zhu.

The Monkey King Thrice Defeats the Skeleton Demon

Journey to the West

One day, Tang Seng and his three apprentices came to a high mountain. After one day's walk, Tang Seng felt hungry, so sent Monkey King off to find them something to eat.

There was a White Skeleton Demon in the mountain. She heard that Tang Seng's flesh could make people live forever. She turned herself into a village girl and tried to get close to Tang Seng, saying that she wanted to give the monks a meal.

Just then, Monkey King came back and recognized the village girl was a demon. He raised his gold hoop stick to fight. The White Skeleton Demon changed into a wisp of light smoke and fled, leaving the body of the dead girl lying on the ground.

Tang Seng was angry with Monkey King for his seemingly careless killing. But then Monkey King opened the girl's food cans, there is nothing but a toad crawling out. Only then did Tang Seng believe that village girl was a devil.

The White Skeleton Demon later transformed into an old woman, but was once more recognized by the Monkey. Again, she managed to escape leaving another dead body, that of the old woman, on the road.

Again, Tang Seng thought Monkey King was casually killing people and became very angry. He chanted the Tightening-Crown spell to punish him.

The White Skeleton Demon did not want to admit defeat and became a white-haired old man this time, pretending to look for his wife and daughter. Monkey King secretly called upon the god of hills and lands to coordinate efforts in order not to let the demon escape again. Together, they finally managed to kill the White Skeleton Demon.

Monkey King said: "Master, look!" On the ground lay a pile of bones. "This is a skeleton demon."

Tang Seng realised he had wrongly blamed the Monkey King.

Dream of the Red Chamber

《红楼梦》

Dream of the Red Chamber is a tragic love story set against the background of the decline of an aristocratic family. It provides a detailed, episodic record of two branches of the wealthy and aristocratic Jia (贾) clan—the Rongguo House (荣国府) and the Ningguo House (宁国府)—who resided in two large, adjacent family compounds in the capital. Their ancestors were made dukes and, as the novel begins, the two houses are among the most illustrious families in the capital. One of the clan's offspring is made an Imperial Consort, and a gigantic landscaped interior garden, named the Grand View Garden, is built to receive her visit. The novel describes the Jia's wealth and influence in great naturalistic detail, and charts the Jia's fall from the height of their prestige.

This novel parades a memorable and dazzling cast of characters, starting with the central ones, Jia Baoyu and Lin Daiyu. Jia Baoyu is the adolescent heir of the family, a reincarnation of the Divine Attendant-in-Waiting. Baoyu is highly intelligent, but hates the fawning bureaucrats that frequent his father's house. He shuns ordinary men, considering them morally and spiritually inferior to women. Sensitive and compassionate, Baoyu holds the view that "girls are in essence pure as water, and men are in essence muddled as mud." Lin Daiyu is incarnated as Baoyu's emotional and sickly cousin, who loves Baoyu. Baoyu, however, is predestined in his life to marry another cousin, Xue Baochai. This love triangle, set against the backdrop of the family's declining fortunes, forms the most well-known plot line in the novel.

Dream of the Red Chamber is believed to be semi-autobiographical, mirroring the fortunes of author Cao Xueqin's own family. The novel is remarkable not only for its huge cast of characters and psychological scope, but also for its precise and detailed observation of the life and social structures typical of 18th-century Chinese aristocracy.

Dài yù zhī sǐ
黛玉之死

hóng lóu mèng
《红楼梦》

lín dài yù hěn xiǎo de shí hou, mǔ qīn jiù bìng sǐ le, tā bèi jiē dào jiǎ fǔ wài pó jiā. zài nàr, tā jiàn dào le biǎo gē jiǎ bǎo yù, bǎo yù hěn xǐ huan zhè gè cōng míng měi lì、duō chóu shàn gǎn de mèi mei, dài yù yě xǐ huan tā de zhēn xìng qíng. guò le yì xiē rì zi, jiǎ bǎo yù de biǎo jiě xuē bǎo chāi yě lái dào le jiǎ fǔ, tā wēn róu dà fang, shēn dé bǎo yù mǔ qīn de xǐ ài. tā men màn màn zhǎng dà le, suī rán dà jiā dōu zhī dào bǎo yù hé dài yù xiāng hù ài mù, dàn shì bǎo yù de mǔ qīn hái shì xī wàng zì jǐ de ér zi néng hé bǎo chāi jié hūn.

林黛玉很小的时候，母亲就病死了，她被接到贾府外婆家。在那儿，她见到了表哥贾宝玉，宝玉很喜欢这个聪明美丽、多愁善感的妹妹，黛玉也喜欢他的真性情。过了一些日子，贾宝玉的表姐薛宝钗也来到了贾府，她温柔大方，深得宝玉母亲的喜爱。他们慢慢长大了，虽然大家都知道宝玉和黛玉相互爱慕，但是宝玉的母亲还是希望自己的儿子能和宝钗结婚。

zhè yì tiān, lín dài yù zài huā yuán sàn bù, kàn dào yí gè yā huan zài kū.

这一天，林黛玉在花园散步，看到一个丫环在哭。

"nǐ zài zhèr kū shén me ne?" dài yù wèn dào.

“你在这儿哭什么呢？”黛玉问道。

biǎo gē 表哥：cousin

duō chóu shàn gǎn 多愁善感：sentimental

xìng qíng 性情：disposition

ài mù 爱慕：to love

yā huan 丫环：female servant

wǒ jiě jie dǎ wǒ yā huan kū zhe shuō
“我姐姐打我。”丫环哭着说。

wèi shén me dǎ nǐ ne
“为什么打你呢？”

hái bú shì wèi le bǎo yù shào ye hé bǎo chāi gū niang jié hūn de shì
“还不是为了宝玉少爷和宝钗姑娘结婚的事！”

shén me bǎo yù yào hé bǎo chāi jié hūn
“什么？宝玉要和宝钗结婚！”

shì a zhè shì yí jiàn dà xǐ shì wèi shén me wǒ shuō le tā men jiù dǎ wǒ ne
“是啊，这是一件大喜事，为什么我说了，她们就打我呢？”

dài yù tīng le rú tóng wǔ léi hōng dǐng dùn shí hún shēn fā ruǎn jiǎo xià xiàng cǎi zhe mián hua yí yàng gāng huí dào wū li jiù wā de yì shēng tù le yì kǒu xiě tā cóng xiǎo jiù tǐ ruò duō bìng tīng shuō zhè gè xiāo xi hòu bìng de yì tiān bǐ yì tiān zhòng jiǎ fǔ de rén dōu máng zhe bǎo yù de hūn shì yě méi rén lái kàn tā kě lián tā cóng xiǎo fù mǔ shuāng wáng xiàn zài wéi yī de zhī jǐ bǎo yù yě yào hé bié ren jié hūn le tā de xīn yǐ jīng suì le
黛玉听了，如同五雷轰顶，顿时浑身发软，脚下像踩着棉花一样，刚回到屋里就“哇”地一声，吐了一口血。她从小就体弱多病，听说这个消息后，病得一天比一天重。贾府的人都忙着宝玉的婚事，也没人来看她。可怜她从小父母双亡，现在唯一的知己宝玉也要和别人结婚了，她的心已经碎了。

dài yù ná chū yǐ qián xiě de shī gǎo zhè xiē shī jì tuō zhe tā de rén shēng lǐ xiǎng hé duì wèi
黛玉拿出以前写的诗稿，这些诗寄托着她的人生理想和对未

注释 Notes

- 如同 (rú tóng): like
- 五雷轰顶 (wǔ léi hōng dǐng): thunderbolt
- 顿时 (dùn shí): suddenly
- 浑身 (hún shēn): whole of body
- 棉花 (mián hua): cotton
- 唯一 (wéi yī): unique
- 知己 (zhī jǐ): soul mate
- 碎 (suì): to be broken
- 诗稿 (shī gǎo): poem manuscript
- 寄托 (jì tuō): to repose (sth) in (sth)

lái měi hǎo shēng huó de xī wàng kě shì xiàn zài hái
来美好生活的希望，可是现在还
yǒu shén me yòng ne tā liú zhe lèi bǎ zhè xiē shī
有什么用呢？她流着泪把这些诗
quán dōu shāo le
全都烧了。

chuāng wài chūn tiān yǐ jīng lái guò huār
窗外，春天已经来过，花儿
yě yǐ jīng kāi guò dài yù yí gè rén gū líng líng
也已经开过。黛玉一个人孤零零
de tǎng zài chuáng shang jiù ràng wǒ xiàng zhè xiē
地躺在床上：“就让我像这些
huār yí yàng gān gān jìng jìng de lái gān gān jìng
花儿一样，干干净净地来，干干净
jìng de qù ba méi yǒu le ài qíng de zhī chēng
净地去吧。”没有了爱情的支撑，
dài yù de xīn yǐ jing sǐ le bǎo yù bǎo yù
黛玉的心已经死了。“宝玉！宝玉！
nǐ hǎo hěn xīn dài yù jiào dào rán hòu biàn méi
你好狠心！”黛玉叫道。然后便没
le shēng xī zhè shí yuǎn chù yǐn yǐn yuē yuē chuán
了声息。这时，远处隐隐约约传
lái hūn lǐ de yīn yuè hé bào zhú de shēng yīn
来婚礼的音乐和爆竹的声音。

注释 Notes

zhī chēng
支撑：to support

hěn xīn
狠心：heartless

shēng xī
声息：sound of breath

yǐn yǐn yuē yuē
隐隐约约：indistinctly

hūn lǐ
婚礼：wedding

hūn lǐ shang bǎo yù jiē kāi le xīn niáng de
婚礼上，宝玉揭开了新娘的
hóng gài tou kàn dào xīn niáng shì bǎo chāi ér bú shì
红盖头，看到新娘是宝钗而不是
dài yù tā yí xià zi dāi zhù le
黛玉，他一下子呆住了。

nǐ men bú shì shuō wǒ qǔ de shì dài yù ma
“你们不是说我娶的是黛玉吗？
dài yù dài yù zài nǎr bǎo yù jí zhe wèn
黛玉，黛玉在哪儿？”宝玉急着问。

yā huan gāng cái lái shuō dài yù yǐ jīng sǐ
“丫环刚才来说黛玉已经死
le bǎo yù de mǔ qīn shuō bǎo chāi cái shì
了，”宝玉的母亲说，“宝钗才是
shì hé nǐ de qī zi
适合你的妻子。”

bǎo yù shāng xīn yù jué dà jiào zhe dài yù
宝玉伤心欲绝，大叫着黛玉
de míng zi pǎo le chū qù yǒng yuǎn lí kāi le
的名字，跑了出去，永远离开了
zhè gè jiā
这个家。

jù shuō hòu lái yǒu rén zài wài dì kàn dào guò
据说，后来有人在外地看到过
bǎo yù tā yǐ jīng zuò le hé shang shī qù le dài
宝玉，他已经做了和尚。失去了黛
yù tā de ài qíng jiù zài yě méi yǒu huí lái guò
玉，他的爱情就再也没有回来过。

注释 Notes

jiē kāi
揭开：to uncover

xīn niáng
新娘：bride

hóng gài tou
红盖头：the red veil

qǔ
娶：to marry

shāng xīn yù jué
伤心欲绝：extremely sorrowful and desperate

dài yù xǐ huan de rén shì shéi
1. 黛玉喜欢的人是谁？

bǎo yù yào hé shéi jié hūn
2. 宝玉要和谁结婚？

dài yù hé bǎo yù wèi shén me bù néng jié hūn
3. 黛玉和宝玉为什么不能结婚？

Cultural Note

Cao Xueqin(**曹雪芹**,1724—1763 or 1715—1764) was a Qing Dynasty Chinese writer, best known as the author of *Dream of the Red Chamber*, one of the Four Great Classical Novels of Chinese literature. His given name was Cao Zhan(曹霑).

Cao belonged to a Han Chinese clan. During the Kangxi Emperor's reign, the clan's prestige and power reached its height. The family's fortunes lasted until Kangxi's death and the ascension of the Yongzheng Emperor to the throne. Yongzheng was much less tolerant of the debts the family chalked up in office. By 1727, after a series of warnings, he decided to confiscate the Cao clan's properties, including their mansion. The family, totally impoverished, was forced to relocate from Nanjing to Beijing. Cao Xueqin, still a young child then, followed the family in this odyssey.

Almost no records of Cao's early childhood and adulthood survive. Most of what we know about Cao was passed down from his contemporaries and friends. Cao achieved posthumous fame through his life's work. The novel, written with "blood and tears," as a commentator friend said, is a vivid recreation of an illustrious family at its height and its subsequent downfall. A small group of close family and friends appeared to have been transcribing his manuscript when Cao died quite suddenly in 1763 or 1764. Extant handwritten copies of this work — some 80 chapters — had been in circulation in Beijing shortly after Cao's death and scribal copies soon became prized collectors' items.

In 1791, Cheng Weiyuan(程伟元) and Gao E(高鹗), who claimed to have had access to Cao's working papers, published a "complete," edited 120-chapter version. This is its first moveable type print edition. Reprinted a year later with more revisions, this 120-chapter edition is the novel's most printed version. There is much debate among modern scholars concerning the authorship and authenticity of the last 40 chapters of the 1791 version.

Jia Baoyu(**贾宝玉**, Meaning: Precious Jade):The main protagonist is a boy of about 12 or 13 years old when he is introduced into the novel. Born with a piece of luminescent jade in his mouth (the Stone), Baoyu is the adolescent son of Jia Zheng(贾政)and his wife, Lady Wang (王夫人), heir apparent to the Rongguo line (荣国府). Although frowned upon by his strict Confucian father, Baoyu reads *Zhuangzi* and *Romance of the West Chamber* rather than *the Four Books*, considered the foundation of a classic Chinese education. Baoyu is highly intelligent, but hates the fawning bureaucrats that frequent his father's house. He shuns ordinary men, considering them morally and spiritually inferior to women. Sensitive and compassionate,

Baoyu holds the view that "girls are in essence pure as water, and men are in essence muddled as mud." The book even indicates that he has had sexual affairs with some of his maids, including Xiren. His surname, Jia, is a homonym for "False" and a boy named Zhen Baoyu (True Baoyu) makes an appearance in the book.

Lin Daiyu(林黛玉, Meaning: Blue-black Jade): Jia Baoyu's younger cousin and his primary love interest. She is the daughter of Lin Ruhai (林如海), a Yangzhou scholar-official, and Lady Jia Min(贾敏), Baoyu's paternal aunt. She is thin, sickly, but beautiful in a way that is unconventional. She also suffers from a respiratory ailment which makes her cough. The novel proper starts in Chapter 3 with Daiyu's arrival at the Rongguo House shortly after the death of her mother. Fragile emotionally and prone to fits of jealousy, Daiyu is nevertheless an extremely accomplished poet and musician. In the novel she is referred to as one of the Jinling Twelve Beauties (金陵十二钗), and described as a lonely, proud and ultimately tragic figure. Daiyu is the reincarnation of the Crimson Pearl Flower, and the purpose of her mortal birth is to repay Baoyu with her tears for having watered her when she was a flower.

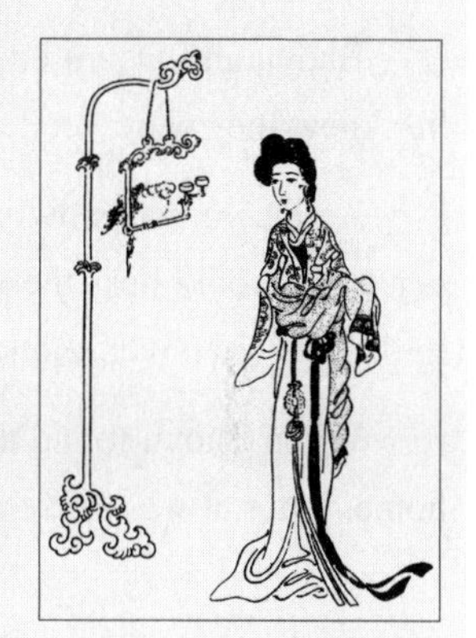

Xue Baochai (薛宝钗, Meaning: Bejeweled Hair Pin or Precious Virtue): Jia Baoyu's another cousin. The only daughter of Aunt Xue(薛姨妈), sister to Baoyu's mother, Baochai is a foil to Daiyu. While Daiyu is unconventional and hypersensitive, Baochai is sensible and tactful: a model Chinese feudal maiden. The novel describes her as beautiful and intelligent, but also reserved and following the rules of decorum. Although reluctant to show the extent of her knowledge, Baochai seems to be quite learned about everything, from Buddhist teachings to how to keep a paint plate from crack. She is not at all elaborate in her tastes especially when it comes to adorning herself. Also, the novel describes her room as being completely free of decoration, apart from a small vase of chrysanthemums. Baochai has a round face, fair skin, large eyes, and, some would say, a voluptuous figure in contrast to Daiyu's willowy daintiness. Baochai carries a golden locket with her which contains words given to her in childhood by a Buddhist monk. Baochai's golden locket and Baoyu's jade contain inscriptions that appear to complement one another perfectly. Their marriage is seen in the book as predestined.

The Death of Daiyu

Dream of the Red Chamber

One day, Daiyu saw a servant girl crying in the garden. The girl told her that Baoyu was going to marry Baochai. As soon as Daiyu heard this, her heart was broken. She went back to her room and, in a fit of despair, burned all her poetry manuscripts and fell ill.

Baoyu and Daiyu had always believed that they were going to be married, as their families knew they were very close. But Baoyu's mother liked Baochai.

As Daiyu was slowly dying alone, she called Baoyu's name again and again. In the distance, she could hear the faint sound of wedding music, and Baoyu was preparing to uncover his bride's red cover, thinking it was Daiyu.

When Baoyu found that his bride was not Daiyu, he was overwhelmed with grief and left home. Later, it was said that he had become a monk and lived a lonely life.

Unit Seven
中国话剧 Modern Chinese Drama

In the late 19th and early 20th century, when western drama and new Japanese drama burst into China, Chinese drama experienced dramatic reform. This transformation was also due to the huge changes in China's social, economic and political conditions. Modelled on western, realistic drama, China's New-Style, Civilized or Modern Drama came into being. But it was not until 1928 that modern Chinese drama was defined as a dramatic form employing dialogue and stage activity as major vehicles of expression. This imported dramatic form — Hua Ju （话剧, spoken play） —at last obtained a generally recognized definition. Different from traditional Chinese opera, it soon won fans for its realistic portrayals of the lives of the common folk and for its adaptation of works by western playwrights such as Shakespeare, Moliere and Chekhov. Since then, a number of Chinese playwrights have created works that realistically reflect the changing lives of Chinese before and after the founding of People's Republic of China. The most memorable include *Teahouse*（《茶馆》）, *The Thunderstorm*（《雷雨》）, *The Peking Man*（《北京人》）, *Sunrise*（《日出》） and *The Family* （《家》）. Younger playwrights have tried to develop a more modern style, exploring such topics as the inner psyche, and incorporating more modern theatrical techniques.

雷雨(改编)

Thunderstorm (Leiyu, 1934)—Written by Cao Yu(1910－1996), this full-length modern drama features the complicated relationships between the members and servants of a large well-off family and the family disintegration as a result of the morbidity and corruption in old China. A son of a wealthy family, Zhou Puyuan, has an affair with the family maid, Shiping, and she bears two sons. He wants to marry a wealthy woman, so keeps the eldest son and drives Shiping away with the youngest. Shiping marries a butler, Lu Gui, and they have a daughter, Sifeng. An entangled family history is played out culminating in a tragic ending.

Thunderstorm is undoubtedly the most popular dramatic Chinese work of the period prior to the Japanese invasion of China in 1937. It was first published in the literary magazine, *Four Months of Literature*. Shortly after its publication, a production of the play was mounted in Ji'nan, and later, in 1935, in Shanghai and in Tokyo, both of which were well received. In 1936, *Thunderstorm* debuted in Nanjing, with Cao Yu himself acting in the lead role. In 1938, following its theatrical triumphs, the play was made into a movie production. It is considered a milestone in China's modern theatrical ascendancy.

人物 Main Characters

zhōu pǔ yuán pǔ mǒu méi kuàng gōng sī dǒng shì zhǎng wǔ shí wǔ suì
周朴园(朴):某煤矿公司董事长,五十五岁。

zhōu fán yī fán zhōu pǔ yuán de qī zi sān shí wǔ suì
周繁漪(繁):周朴园的妻子,三十五岁。

zhōu píng píng zhōu pǔ yuán qián qī shēng de ér zi èr shí bā suì
周萍(萍):周朴园前妻生的儿子,二十八岁。

zhōu chōng chōng fán yī shēng de ér zi shí qī suì
周冲(冲):繁漪生的儿子,十七岁。

lǔ guì guì zhōu jiā de pú rén sì shí bā suì
鲁贵(贵):周家的仆人,四十八岁。

lǔ shì píng lǔ lǔ guì de qī zi xué xiào de nǚ yōng sì shí qī suì
鲁侍萍(鲁):鲁贵的妻子,学校的女佣,四十七岁。

lǔ dà hǎi dà shì píng yǔ qián fū de ér zi méi kuàng gōng rén èr shí qī suì
鲁大海(大):侍萍与前夫的儿子,煤矿工人,二十七岁。

lǔ sì fèng sì lǔ guì yǔ shì píng de nǚ ér shí bā suì zhōu jiā de yā huan
鲁四凤(四):鲁贵与侍萍的女儿,十八岁,周家的丫环。

zhōu jiā de pú rén děng
周家的仆人等。

zhè shì yí gè fā shēng zài nián de gù shi
这是一个发生在1921年的故事。

Dì yī mù
第一幕

sì hē zhēn rè kuài yào xià yǔ le
四：呵，真热，快要下雨了！

guì kě bù sì fèng nǐ tīng zhe jīn tiān nǐ mā yào lái bié wàng le bǎ xīn yī fu gěi tā kàn kan ràng tā zhī dào nǐ zài zhèr guò de hǎo rì zi
贵：可不。四凤，你听着，今天你妈要来。别忘了把新衣服给她看看，让她知道你在这儿过的好日子。

sì tīng jiàn le
四：听见了。

guì hái yǒu qián tān lán de xiào nǐ shǒu li yǒu hěn duō qián ba
贵：还有，钱，（贪婪地笑）你手里有很多钱吧！

sì yàn wù wǒ méi yǒu qián wǒ de qián dōu bèi nǐ hē le dǔ le
四：（厌恶）我没有钱。我的钱都被你喝了，赌了。

guì nà tā gěi nǐ de qián ne
贵：那，他给你的钱呢？

sì chī jīng tā tā shì shéi
四：（吃惊）他……他是谁？

guì dà shào ye a tā cháng cháng gēn wǒ tí qǐ nǐ
贵：大少爷啊。他常常跟我提起你。

sì liǎn hóng le shéi shuō dà shào ye gěi wǒ
四：（脸红了）谁说大少爷给我

注释 Notes

kě bù
可不：exactly; right

tān lán
贪婪：greedy

yàn wù
厌恶：disgusted

dǔ
赌：to gamble

chī jīng
吃惊：astonished

shào ye
少爷：young master

tí qǐ
提起：to mention (in this context)

qián le bà ba nín qióng fēng le hú shuō bā dào
钱了？爸爸，您穷疯了，胡说八道
de
的。

guì hǎo hǎo méi yǒu méi yǒu
贵：好好，没有……没有……

sì gē ge lái le nín kě bié hú shuō tā
四：哥哥来了，您可别胡说。他
jì gěi mā de qián nín dōu yòng le
寄给妈的钱，您都用了。

guì tā gǎn zěn me yàng tí gāo shēng yīn
贵：他敢怎么样，（提高声音）
tā mā jià gěi wǒ wǒ jiù shì tā bà ba
他妈嫁给我，我就是他爸爸。

sì xiǎo shēng diǎnr zhèr bú shì zán men
四：小声点儿，这儿不是咱们
jiā
家。

guì hēng shéi zhī dào tā shì nǎ gè wáng bā
贵：哼，谁知道他是哪个王八
dàn shēng de ér zi
蛋生的儿子。

pú rén jìn
〔仆人进〕

pú rén yǒu yí gè nián qīng rén zài wài miàn chǎo
仆人：有一个年轻人在外面吵
chǎo nào nào de shuō yě xìng lǔ wǒ bǎ tā dài
吵闹闹的，说也姓鲁，我把他带
lái le
来了。

guì nǐ ràng tā jìn lái ba
贵：你让他进来吧。

lǔ dà hǎi jìn
〔鲁大海进〕

dà fèngr
大：凤儿！

Notes

hú shuō bā dào
胡说八道：to talk nonsense

gǎn
敢：to dare

jià
嫁：to marry

wáng bā dàn
王八蛋：bastard; illegitimate son

chāo chao nào nào
吵吵闹闹：to wrangle; to make a lot of noise

sì　gē ge
四：哥哥！

guì　nǐ zěn me lái le
贵：你怎么来了？

dà　wǒ zài mén fáng děng le bàn tiān méi rén lǐ wǒ wǒ yào zhǎo dǒng shì zhǎng
大：我在门房等了半天，没人理我，我要找董事长。

sì　gē ge nín děng yí huìr lǎo ye xiàn zài hěn máng
四：哥哥，您等一会儿，老爷现在很忙。

dà　hēng xiàng lǔ guì nǐ qù gào su tā gōng rén dài biǎo lái le yào tǎo gè shuō fa
大：哼！（向鲁贵）你去告诉他，工人代表来了，要讨个说法。

guì　yóu yù nà wǒ bāng nǐ wèn wen qù
贵：（犹豫）那我帮你问问去。

lǔ guì lí kāi
〔鲁贵离开〕

dà　fèng nǐ bù yīng gāi zài zhèr gōng zuò
大：凤，你不应该在这儿工作。

sì　wèi shén me
四：为什么？

dà　yīn wèi zhōu jiā rén dōu bú shì hǎo dōng xi zhè me dà de fáng zi dōu shì sǐ qù de gōng rén huàn lái de
大：因为周家人都不是好东西，这么大的房子都是死去的工人换来的！

sì　nǐ bié hú shuō zhè fáng zi nào guǐ
四：你别胡说，这房子闹鬼。

dà　wǒ méi hú shuō gāng cái wǒ kàn jiàn yí gè nián qīng rén liǎn sè cāng bái bì zhe yǎn jing
大：我没胡说，刚才我看见一个年轻人，脸色苍白，闭着眼睛，

注释 Notes

lǐ
理：to pay attention to

dǒng shì zhǎng
董事长：the chairman of the board of directors

tǎo
讨：to ask for

shuō fa
说法：way of saying things; wording

nào guǐ
闹鬼：haunted

cāng bái
苍白：pale

像是死人。

四：哥，你变了。

大：我没变，是你变了。哼，我还是出去等吧！

四：（失望）嗨……

〔大海离开，鲁贵进来〕

贵：他走了？

四：嗯，他在外边等。

贵：我还要告诉你一件事儿。

四：什么事儿？

贵：你要小心太太。

四：为什么？

贵：你知道这屋子为什么晚上没有人来？

四：不是半夜里闹鬼么？

贵：是啊。你知道这鬼是什么样儿么？

四：不知道。

贵：我看见了。一天晚上，我

注释 Notes

失望：disappointed

小心：to be careful

太太：madam

鬼：ghost

kàn jiàn yí gè nǚ guǐ hé yí gè nán guǐ bào zài yì
看见一个女鬼和一个男鬼抱在一

qǐ kū nǚ guǐ jiù shì tài tai nán guǐ jiù shì
起哭。女鬼就是太太,男鬼就是……

sì shéi
四:谁?

guì jiù shì dà shào ye
贵:就是大少爷!!!!

sì jīng à
四:(惊)啊????

guì yǒu rén lái le
贵:有人来了……

lǔ guì pǎo diào le
〔鲁贵跑掉了〕

fán yī jìn
〔繁漪进〕

sì tài tai zǒu jìn fán yī fú tā zuò xià
四:太太!(走近繁漪,扶她坐下)

zěn me nín xià lóu lái la wǒ zhèng dǎ suan gěi nín
怎么您下楼来啦?我正打算给您

sòng yào qù ne tā bǎ yào duān gěi fán yī
送药去呢!(她把药端给繁漪)

fán shéi shuō wǒ yào chī yào wǒ méi bìng
繁:谁说我要吃药?我没病!

dǎ kāi shàn zi shān fēng
(打开扇子,扇风)

sì shì lǎo ye fēn fù de nín jiù hē diǎn
四:是老爷吩咐的,您就喝点

ba bǎ yào dì gěi fán yī
吧!(把药递给繁漪)

fán hē le yì kǒu kǔ de hěn shéi jiān de
繁:(喝了一口)苦得很,谁煎的?

sì wǒ
四:我。

fán tài bù hǎo hē le dào le tā ba
繁:太不好喝了,倒了它吧。

注释 Notes

bào
抱:to hug

fú
扶:to support with the hand

dǎ suan
打算:to plan to

duān
端:to hold; to carry

shàn zi
扇子:fan

fēn fù
吩咐:to tell; to order; to instruct

dì
递:to hand over

kǔ
苦:bitter

jiān
煎:to cook (medicine)

dào
倒:to dump

sì dào le tā
四：倒了它？

fán zhè xiē nián hē zhè xiē kǔ yào wǒ dà
繁：这些年喝这些苦药，我大

gài shì hē gòu le bǎ tā dào le
概是喝够了。把它倒了！

sì yóu yù shì tài tai
四：（犹豫）是，太太。

zài huā yuán li zhōu chōng de shēng yīn sì
（在花园里，周冲的声音：“四

fèng sì fèng
凤，四凤！”）

fán nǐ qù kàn kan èr shào ye zài hǎn nǐ
繁：你去看看，二少爷在喊你。

sì zài zhèr
四：在这儿。

zhōu chōng chōng jìn mén
〔周冲冲进门〕

chōng jìn mén pǎo xiàng sì fèng sì fèng wǒ
冲：（进门跑向四凤）四凤！我

zhǎo le nǐ yì zǎo chen sì fèng dī zhe tóu zhōu
找了你一早晨。（四凤低着头）（周

chōng kàn jiàn fán yī mā nín zěn me xià lóu lái le
冲看见繁漪）妈，您怎么下楼来了？

fán wǒ xiǎng xià lái kàn kan duì zhe sì fèng
繁：我想下来看看。（对着四凤）

sì fèng nǐ gěi èr shào ye ná yì píng qì shuǐ lái
四凤，你给二少爷拿一瓶汽水来。

zhōu chōng zuò zài fán yī de zuǒ bian fán yī duì zhōu
（周冲坐在繁漪的左边，繁漪对周

chōng shuō nǐ kàn nǐ duō rè
冲说）你看你多热。

sì fèng lí kāi
〔四凤离开〕

chōng hěn gāo xìng xiè xie nín ràng wǒ kàn
冲：（很高兴）谢谢您。让我看

注释 Notes

gòu
够：enough

hǎn
喊：to shout

qì shuǐ
汽水：sparkling water

kan nín wǒ kàn nín hěn hǎo bú xiàng yǒu bìng de
看您，我看您很好。不像有病的

yàng zi fù qīn huí jiā sān tiān nín dōu méi yǒu jiàn
样子。父亲回家三天，您都没有见

dào tā
到他。

sì fèng jìn bǎ qì shuǐ dì gěi zhōu chōng
〔四凤进，把汽水递给周冲〕

sì nín de qì shuǐ
四：您的汽水。

chōng hěn kè qi xiè xie sì fèng liǎn hóng
冲：（很客气）谢谢。（四凤脸红

le lí kāi
了，离开）

fán chōng er nǐ zěn me duì sì fèng zhè me
繁：冲儿，你怎么对四凤这么

kè qi
客气？

chōng wǒ wǒ xiǎng gào su nín yí jiàn
冲：我……我想告诉您一件

shìr
事儿。

fán yú kuài shén me shìr
繁：（愉快）什么事儿？

chōng yóu yù wǒ xǐ huan yí gè rén
冲：（犹豫）我喜欢一个人。

fán shéi cāi xiǎng yǎn jing àn le xià lái bù
繁：谁？（猜想，眼睛暗了下来，不

dé bú wèn xià qù shì sì fèng ma
得不问下去）是四凤吗？

chōng mā wǒ shì de
冲：妈……我，是的。

fán shēn yín zì yǔ nǐ zhēn shì gè hái zi
繁：（呻吟，自语）你真是个孩子，

nǐ fù qīn bú huì tóng yì de sì fèng méi yǒu wén
你父亲不会同意的，四凤没有文

注释 Notes

kè qi
客气：polite

yú kuài
愉快：pleasant

cāi xiǎng
猜想：to guess

àn
暗：dark; dim; dull

shēn yín
呻吟：to groan; to moan

tóng yì
同意：to agree

huà shì gè xià děng rén
化，是个下等人。

chōng wǒ bù xiāng xìn tā shì zuì chún jié
冲：我不相信！她是最纯洁、
zuì yǒu zhǔ zhāng de hǎo hái zi zuó tiān wǒ xiàng tā
最有主张的好孩子。昨天我向她
qiú hūn le
求婚了。

fán jīng shén me nǐ zhè gè shǎ hái zi
繁：（惊）什么？你这个傻孩子！

chōng kě shì tā méi yǒu dā ying tā shuō tā
冲：可是她没有答应。她说她
xīn li yǒu rén le
心里有人了。

fán shéi tā shuō
繁：谁，她说？

jiǎo bù shēng zhōu píng jìn zhōu chōng huí tóu
〔脚步声，周萍进，周冲回头〕

chōng yí gē ge jìn lái le gē ge
冲：咦，哥哥进来了。哥哥！

píng nǐ zài zhèr
萍：你在这儿。

注释 Notes

xià děng rén
下等人：a lower class

chún jié
纯洁：pure; unselfish and honest

zhǔ zhāng
主张：view; stand

qiú hūn
求婚：to propose

shǎ
傻：silly

dā ying
答应：to agree

jiǎo bù
脚步：step

fán yǒu yì diǎnr jī dòng píng
繁：（有一点儿激动）萍！

píng ò dī le tóu yòu tái qǐ lái nín
萍：哦？（低了头，又抬起来）您、

nín yě zài zhèr
您也在这儿。

chōng qǐ shēn zǒu xiàng zhōu píng gē ge
冲：（起身，走向周萍）哥哥，

mǔ qīn shuō hǎo jiǔ bú jiàn nǐ nǐ bú yuàn yì qǐ
母亲说好久不见你。你不愿一起

zuò zuo tán tan ma
坐坐、谈谈吗？

fán chōng er nǐ xiān chū qù yí xià wǒ
繁：冲儿，你先出去一下，我

gēn nǐ gē ge yǒu huà yào tán
跟你哥哥有话要谈。

chōng kě shì suàn le lí kāi
冲：可是……算了。（离开）

zhōu chōng lí kāi
〔周冲离开〕

píng yǒu diǎnr hài pà ò tíng wǒ hái
萍：（有点儿害怕）哦。（停）我还

yǒu shì wǒ xiàn zài yào qù shōu shi dōng xi qù
有事，我现在要去收拾东西去。

xiàng mén zǒu qù
（向门走去）

fán huí lái zhōu píng tíng wǒ qǐng nǐ zuò
繁：回来，（周萍停）我请你坐

yí zuò wǒ yǒu huà shuō
一坐，我有话说。

píng nà jiù shuō ba
萍：那就说吧。

fán zǒu jìn zhōu píng píng wǒ pàn wàng nǐ
繁：（走近周萍）萍，我盼望你

hái shì cóng qián nà yàng chéng kěn de rén nǐ zhī dào
还是从前那样诚恳的人。你知道

注释 Notes

jī dòng
激动：excited

tán tan
谈谈：to talk

hài pà
害怕：scared

shōu shi
收拾：to get things ready; to tidy up

pàn wàng
盼望：to expect; to hope

chéng kěn
诚恳：honest

wǒ méi yǒu nǐ yǐ jīng hěn kǔ le
我没有你，已经很苦了。

píng zhuǎn guo tóu dīng zhe fán yī suǒ yǐ wǒ
萍：（转过头盯着繁漪）所以我

yào zǒu wǒ men bú yào zài jiàn le wàng le ràng
要走，我们不要再见了。忘了让

wǒ men hòu huǐ de shì qing ba
我们后悔的事情吧。

fán wǒ bú hòu huǐ
繁：我不后悔。

píng jī dòng kě wǒ hòu huǐ wǒ rèn wéi
萍：（激动）可我后悔。我认为

wǒ shēng píng zuò cuò le yí jiàn dà shì wǒ duì bu
我生平做错了一件大事。我对不

qǐ dì di duì bu qǐ fù qīn dī xià tóu
起弟弟，对不起父亲。（低下头）

fán yuàn hèn de kě nǐ zuì duì bu qǐ de
繁：（怨恨地）可你最对不起的

rén bèi nǐ qīng qīng de wàng le
人，被你轻轻地忘了。

píng zhè gè rén zì rán shì yǒu dàn wǒ bú
萍：这个人，自然是有，但我不

yòng gēn nǐ shuō
用跟你说。

fán nà bú shì sì fèng nǐ zuì duì bu qǐ
繁：那不是四凤！你最对不起

de rén shì wǒ jī dòng bìng yáng qǐ shēng yīn nǐ
的人是我，（激动并扬起声音）你

céng jīng ài guò de hòu mǔ
曾经爱过的后母！

píng nǐ fēng le
萍：你疯了！

fán nǐ qiàn wǒ yì bǐ zhài nǐ yīng gāi duì
繁：你欠我一笔债，你应该对

wǒ fù zé rèn nǐ bù néng kàn jiàn le xīn de shì
我负责任，你不能看见了新的世

jiè jiù yí gè rén pǎo le
界就一个人跑了！

注释 Notes

dīng
盯：to stare at

hòu huǐ
后悔：to regret

shēng píng
生平：a whole life

yuàn hèn
怨恨：grudge; hatred

céng jīng
曾经：once

hòu mǔ
后母：step mother

fēng
疯：crazy

qiàn
欠：to owe

zhài
债：debt

fù zé rèn
负责任：to take responsibility

萍：够了，这不是在父亲这样体面的家庭里说的话。

繁：哼！请你问问你体面的父亲，他十五年前喝醉酒的时候告诉我，你就是这（向照片走去）这照片上的人——鲁侍萍生的孩子，她是个下等人，因为你父亲不要她，二十年前投河死了！

萍：（指着繁漪）你简直……

〔周冲跑进〕

冲：妈妈，哥哥，父亲来了。

〔四凤扶着周朴园进〕

萍：爸。（低着头）

朴：（对繁漪）你怎么今天下楼来了？（他在沙发上坐下来，四凤递过茶去，他挥挥手说不要）你先等一等，叫你给太太煎的药呢？

四：这……（看看繁漪，不说话）

注释 Notes

体面：decent

醉：drunk

投：to jump into

简直：simply; at all

沙发：sofa

fán dào le wǒ jiào sì fèng dào le
繁：倒了，我叫四凤倒了。

pǔ dào le tí gāo shēng yīn dào le duì
朴：倒了？（提高声音）倒了！（对

sì fèng yào hái yǒu ma
四凤）药还有吗？

sì hái yǒu yì diǎnr
四：还有一点儿。

pǔ ná guò lái
朴：拿过来。

fán jù jué wǒ bù xiǎng hē
繁：（拒绝）我不想喝！

pǔ duì sì fèng dà shēng hǎn kuài ná yào lái
朴：（对四凤大声喊）快拿药来！

sì shì lǎo ye
四：是，老爷。

chōng qǐ qiú bà bú yào bī mǔ qīn
冲：（乞求）爸，不要逼母亲。

pǔ nǐ bù zhī dào nǐ mǔ qīn de bìng zài
朴：你不知道你母亲的病在

nǎr duì sì fèng sòng dào tài tai nàr qù
哪儿。（对四凤）送到太太那儿去。

sì fèng zǒu xiàng fán yī
（四凤走向繁漪）

fán hǎo xiān fàng zài nàr
繁：好，先放在那儿。

sì fèng hòu tuì xiǎng bǎ yào fàng zài chá jī shang
〔四凤后退，想把药放在茶几上〕

pǔ bù xiàn zài jiù hē le tā
朴：不。现在就喝了它。

sì fèng bù dé bù bǎ yào dì gěi fán yī
（四凤不得不把药递给繁漪）

fán bǎ tóu zhuǎn guò qù bù xiǎng kàn jiàn yào
繁：（把头转过去，不想看见药）

wǒ bú yuàn yì hē zhè zhǒng kǔ dōng xi
我不愿意喝这种苦东西。

jù jué
拒绝：to refuse

qǐ qiú
乞求：to beg

bī
逼：to force

chá jī
茶几：coffee table

pǔ chōng er bǎ yào duān dào mǔ qīn miàn qián qù
朴：冲儿，把药端到母亲面前去。

chōng jù jué bà
冲：（拒绝）爸！

pǔ xiàng zhōu chōng hǒu qù shuō qǐng mǔ qīn hē
朴：（向周冲吼）去！说请母亲喝！

chōng cóng sì fèng shǒu zhōng jiē guò yào dì xiàng fán yī nín hē ba nín jiù wèi wǒ hē yì diǎnr ba
冲：（从四凤手中接过药，递向繁漪）您喝吧！您就为我喝一点儿吧！

fán jù jué ò bù wǒ hē bú xià
繁：（拒绝）哦，不！我喝不下！

pǔ kàn zhe zhōu píng píng er quàn nǐ mǔ qīn hē xià qù
朴：（看着周萍）萍儿，劝你母亲喝下去。

píng tái qǐ tóu kàn zhe zhōu pǔ yuán bà wǒ
萍：（抬起头看着周朴园）爸！我——

pǔ qù zǒu dào nǐ mǔ qīn miàn qián zhōu chōng bǎ yào gěi zhōu píng zhōu píng duān zhe yào zǒu xiàng fán yī shǒu zài fā dǒu guì xià quàn nǐ mǔ qīn
朴：去！走到你母亲面前！（周冲把药给周萍，周萍端着药走向繁漪，手在发抖）跪下！劝你母亲！

píng ò bà ba dà shēng de
萍：哦，爸爸！（大声地）

pǔ jiào nǐ guì xià shēng yīn biàn dà
朴：叫你跪下！（声音变大）

zhōu píng màn màn de guì xià fán yī kū zhe kàn
（周萍慢慢地跪下，繁漪哭着看

注释 Notes

hǒu
吼：to roar

quàn
劝：to persuade

fā dǒu
发抖：to shake

guì xià
跪下：to kneel down

zhe zhōu píng tū rán cóng tā shǒu li qiǎng guò yào
着周萍，突然从他手里抢过药〕

fán wǒ hē xiàn zài jiù hē rēng diào yào
繁：我喝！现在就喝！（扔掉药

wǎn ò pǎo le chū qù
碗）哦……（跑了出去）

chōng mā mā zhōu chōng zhuī chū le
冲：妈，妈……（周冲追出了

fáng jiān
房间）

pǔ hēng shēng qì de zhuǎn guò tóu qù zǒu chū
朴：哼！（生气地转过头去，走出

le fáng jiān
了房间）

wǔ tái de dēng xī
〔舞台的灯熄〕

wǔ tái de dēng liàng
〔舞台的灯亮〕

sì fèng ná zhe mā bù dǎ sǎo sǎ zài dì shang de
（四凤拿着抹布打扫洒在地上的

yào hé yào wǎn
药和药碗）

zhōu píng qiāo qiāo de jìn lái
［周萍悄悄地进来］

píng fèngr wǒ lái le shàng qù bào zhe
萍：凤儿，我来了。（上去抱着

sì fèng
四凤）

sì bù bù bù kàn kan sì zhōu kàn
四：不，不，不。（看看四周）看

kan yǒu rén
看，有人！

píng méi yǒu fèngr lā zhe sì fèng zuò
萍：没有，凤儿。（拉着四凤坐

zài shā fā shang
在沙发上）

sì zǒng shì zhè yàng tōu tōu mō mō de
四：总是这样偷偷摸摸地。

注释 Notes

qiǎng
抢：to grab

mā bù
抹布：a cloth (for cleaning)

tōu tōu mō mō
偷偷摸摸：stealthily; secretly

píng kě shì wǒ mǎ shàng jiù yào zǒu le
萍:可是我马上就要走了,
míng tiān jiù yào dào kuàng shàng qù le
明天就要到矿上去了。

sì lā zhōu píng de shǒu píng nǐ dài wǒ zǒu
四:(拉周萍的手)萍,你带我走
hǎo bù hǎo
好不好?

píng fèng nǐ gāng cái méi kàn jiàn lǎo ye duì
萍:凤,你刚才没看见老爷对
tài tai fā pí qi ma xiàn zài wǒ zěn me dài nǐ
太太发脾气吗?现在我怎么带你
chū qù
出去?

sì píng zhàn qǐ lái wǒ fù qīn zhǐ huì
四:萍,(站起来)我父亲只会
wèn wǒ yào qián wǒ gē ge qiáo bu qǐ wǒ wǒ mǔ
问我要钱,我哥哥瞧不起我,我母
qīn rú guǒ zhī dào le zhè jiàn shì tā yí dìng hèn
亲如果知道了这件事,她一定恨
wǒ ò píng wǒ fù qīn gē ge mǔ qīn
我。哦,萍,我父亲、哥哥、母亲,
tā men yě xǔ yǒu yì tiān huì bù lǐ wǒ de nǐ
他们也许有一天会不理我的,你
bù néng bù néng rēng xià wǒ
不能,不能扔下我。

píng zhàn qǐ lái hǎo wǒ dài nǐ zǒu
萍:(站起来)好。我带你走。

sì jiù jīn wǎn
四:就今晚?

píng jiù jīn wǎn
萍:就今晚。

liǎng rén shǒu qiān shǒu lí kāi
(两人手牵手离开)

注释 Notes

kuàng
矿:mine

fā pí qi
发脾气:to lose one's temper

qiáo bu qǐ
瞧不起:to look down upon

shǒu qiān shǒu
手牵手:hand in hand

注释 Notes

Dì èr mù
第二幕

lǔ guì hé lǔ mā jìn
〔鲁贵和鲁妈进〕

lǔ dà hǎi jì gěi wǒ de qián ne nǐ yòu chī le hē le dǔ le ba
鲁：大海寄给我的钱呢？你又吃了、喝了、赌了吧？

guì nǐ kàn nǐ jiù zhī dào qián nǐ yǐ jing jià gěi wǒ le nǐ de jiù shì wǒ de
贵：你看你，就知道钱。你已经嫁给我了。你的就是我的。

lǔ nǐ kàn zhè gè yuè wǒ men yòu méi qián le
鲁：你看，这个月我们又没钱了。

guì xíng le xíng le zán men bié zǒng shuō qián tài tai xiǎng jiàn nǐ nǐ zài zhèr děng yí xià
贵：行了，行了。咱们别总说钱。太太想见你，你在这儿等一下。

lǔ hǎo
鲁：好。

sì fèng jìn
〔四凤进〕

sì mā nín lái le tài hǎo le
四：妈。您来了，太好了！

lǔ gāo xìng ò hái zi ràng wǒ kàn kan nǐ
鲁：（高兴）哦，孩子，让我看看你。

sì mā nín zuò sì fèng bǎ lǔ mā dài dào shā
四：妈，您坐（四凤把鲁妈带到沙

fā　wǒ zài zhèr zuò shìr　nín bú guài wǒ
发）。我在这儿做事儿，您不怪我

ba
吧？

lǔ　zhǐ yào nǐ kāi xīn　mā bú guài nǐ
鲁：只要你开心，妈不怪你。

sì　mā　nín kě le ba　wǒ qù gěi nín ná
四：妈，您渴了吧？我去给您拿

yì píng qì shuǐ　sì fèng lí kāi
一瓶汽水。（四凤离开）

lǔ mā zhàn qǐ lái　zhù yì kàn zhe fáng zhōng de
（鲁妈站起来，注意看着房中的

bǎi she
摆设）

lǔ　qí guài　tū rán　tā zǒu xiàng le
鲁：奇怪……（突然，她走向了

fàng zài guì zi shang de zhào piàn　tā ná qǐ zhào piàn
放在柜子上的照片，她拿起照片，

shǒu zài dǒu
手在抖）

sì fèng jìn
〔四凤进〕

sì　zhè shì wǒ men dà shào ye de mǔ qīn
四：这是我们大少爷的母亲，

hěn duō nián qián sǐ le　kàn tā duō piào liang a
很多年前死了。看她多漂亮啊。

lǔ　jīng　sǐ le　zhè jiā rén xìng shén me
鲁：（惊）死了？这家人姓什么？

sì　xìng zhōu a
四：姓周啊。

lǔ　jīng huāng　tā men shì cóng wú xī lái de
鲁：（惊慌）他们是从无锡来的？

sì　tīng shuō shì
四：听说是。

lǔ　ná zhe zhào piàn　kū zhe duì zì jǐ xiǎo
鲁：（拿着照片，哭着对自己小

shēng de shuō　wǒ　wǒ shì sǐ rén le
声地说）我……我是死人了？

注释 Notes

guài
怪：to blame

kāi xīn
开心：happy

bǎi she
摆设：furnishings

guì zi
柜子：cabinet

wú xī
无锡：a city in the south of China

tiān a hǎo bù gōng píng sì fèng
天啊，好不公平！……四凤，
zǒu gēn wǒ huí jiā
走，跟我回家！

sì mā nín zěn me le
四：妈，您怎么了？

fán yī de shēng yīn sì fèng sì fèng
（繁漪的声音：四凤，四凤）

fán yī jìn lǔ mā cā gān yǎn lèi
〔繁漪进，鲁妈擦干眼泪〕

fán duì sì fèng shuō nǐ qù gěi lǎo ye ná
繁：（对四凤说）你去给老爷拿
yí jiàn yǔ yī
一件雨衣。

sì hǎo sì fèng lí kāi
四：好。（四凤离开）

fán nǐ lái hěn jiǔ le ba
繁：你来很久了吧？

lǔ bú zì zai bù tài tai
鲁：（不自在）不，太太。

fán sì fèng shì gè hǎo hái zi wǒ de ér
繁：四凤是个好孩子。我的儿
zi hěn xǐ huan tā kě shì tā bù hé shì
子很喜欢她，可是，她不合适。

lǔ huāng wǒ zhī dào wǒ jīn tiān jiù dài
鲁：（慌）我知道。我今天就带
tā zǒu
她走。

fán ng zhè shì tā de gōng qian
繁：嗯。这是她的工钱。

lǔ guì jìn
〔鲁贵进〕

guì tài tai dé guó yī shēng lái le lǎo
贵：太太，德国医生来了，老
ye jiào nǐ qù kàn bìng
爷叫你去看病。

注释 Notes

gōng píng
公平：fair

cā
擦：to wipe

zì zai
自在：comfortable

huāng
慌：panic

fán wǒ méi yǒu bìng wǒ bú qù
繁：我没有病！我不去。

zhōu pǔ yuán jìn
〔周朴园进〕

pǔ fán yī tīng huà shàng lóu kàn bìng
朴：繁漪……听话，上楼看病。

fán yī lí kāi
〔繁漪离开〕

pǔ kàn zhe lǔ mā nǐ shì
朴：（看着鲁妈）你是……？

lǔ wǒ shì sì fèng de mǔ qīn
鲁：我是四凤的母亲。

pǔ duì lǔ guì shuō wǒ shuō guò bù néng ràng xià biān de rén jìn lái
朴：（对鲁贵说）我说过，不能让下边的人进来。

guì shì lǎo ye wǒ xiān péi tài tai kàn bìng qù
贵：是，老爷。我先陪太太看病去。

lǔ guì huāng máng de lí kāi
〔鲁贵慌忙地离开〕

lǔ duì bu qǐ wǒ yě mǎ shàng zǒu
鲁：对不起，我也马上走。

pǔ yòu kàn le yì yǎn lǔ mā děng děng nǐ nǐ nǐ shì shuí
朴：（又看了一眼鲁妈）等等……你……你……你是谁？

lǔ wǒ shì sì fèng de mǔ qīn
鲁：我是四凤的母亲。

pǔ ò dīng zhe lǔ mā kàn nǐ xiàng yí gè rén
朴：哦。（盯着鲁妈看）你像一个人。

lǔ xiàng shéi
鲁：像谁？

pǔ kàn kan zhào piàn yòu kàn kan lǔ mā
朴：（看看照片，又看看鲁妈），

注释 Notes

péi
陪：to accompany

nǐ shì nǐ shì shì píng
你是……你是侍萍。

lǔ shì wǒ tòng kǔ de
鲁：是我（痛苦地）。

pǔ jīng nǐ bú shì sǐ le ma
朴：（惊）你不是死了吗？

lǔ wǒ méi yǒu sǐ
鲁：我没有死。

pǔ nà nà gè hái zi ne
朴：那……那个孩子呢？

lǔ wǒ men de ér zi dà hǎi tā yě méi yǒu sǐ
鲁：我们的儿子，大海，他也没有死！

pǔ zhōu pǔ yuán tū rán yí zhèn yūn xuàn hài pà de nǐ nǐ hái shi zhǎo lái le nǐ yào duō shao qián
朴：（周朴园突然一阵晕眩，害怕地）你，你还是找来了。……你要多少钱？

lǔ wǒ bú yào qián wǒ zhǐ xiǎng jiàn jian wǒ de dà ér zi píng
鲁：我不要钱，我只想见见我的大儿子，萍。

pǔ ng duì pú rén jiào dà shào ye lái
朴：嗯。（对仆人）叫大少爷来。

zhè shí lǔ dà hǎi chōng le jìn lái
〔这时，鲁大海冲了进来〕

dà zhōu pǔ yuán wǒ kě zhǎo dào nǐ le
大：周朴园，我可找到你了。

pǔ nǐ shì shéi
朴：你是谁？

lǔ dà hǎi nǐ zěn me zài zhèr
鲁：大海，你怎么在这儿？

dà mā nǐ zěn me zài zhèr
大：妈。你怎么在这儿？

注释 Notes

yūn xuàn
晕眩：to feel dizzy

pǔ gù zuò píng jìng lǔ dà hǎi shì nǐ
朴：（故作平静）鲁大海，是你？

tíng nǐ yǐ jing bèi kāi chú le
（停）你已经被开除了。

dà nǐ men zhè xiē bú yào liǎn de dǒng shì
大：你们这些不要脸的董事

zhǎng
长……

zhōu píng qiāo qiāo de jìn dào fáng jiān zhàn dào le
〔周萍悄悄地进到房间，站到了

zhōu pǔ yuán de shēn hòu
周朴园的身后〕

píng shēng qì hùn zhàng nǐ zěn me gǎn zhè
萍：（生气）混账！你怎么敢这

yàng duì wǒ fù qīn shuō huà
样对我父亲说话！

lǔ mā jiàn dào zhōu píng fēi cháng jī dòng
〔鲁妈见到周萍，非常激动〕

dà tā shā le nà me duō gōng rén nǐ men
大：他杀了那么多工人，你们

dōu bú shì hǎo dōng xi
都不是好东西！

píng zhōu píng zǒu guò qù dǎ le dà hǎi yí gè
萍：（周萍走过去，打了大海一个

ěr guāng bì zuǐ
耳光）闭嘴！

lǔ mā hé zhōu pǔ yuán dōu jīng dāi le lǔ dà hǎi
（鲁妈和周朴园都惊呆了。鲁大海

yào shàng qián qù huí jī zhōu píng lǔ mā hù zhe zhōu
要上前去回击周萍，鲁妈护着周

píng
萍）

lǔ tòng kǔ de hǎn dà hǎi bú yào dǎ le
鲁：（痛苦地喊）大海，不要打了，

bú yào dǎ le zán men huí jiā
不要打了！咱们回家。

sì fèng tīng dào shēng yīn pǎo jìn lái
〔四凤听到声音，跑进来〕

注释 Notes

gù zuò
故作：to pretend

píng jìng
平静：calm

kāi chú
开除：to dismiss

hùn zhàng
混账：bastard

dǎ ěr guāng
打……耳光：to slap (sb.)

bì zuǐ
闭嘴：to shut up

huí jī
回击：to fight back

hù
护：to protect

sì mā gē zěn me le
四：妈、哥，怎么了？

lǔ fèng zán men zǒu yǐ hòu zài yě bú yào
鲁：凤，咱们走，以后再也不要

jiàn zhōu jiā de rén
见周家的人。

sì kū mā
四：（哭）妈……

zhōu píng xiǎng hé sì fèng shuō huà dàn lǔ mā dài
（周萍想和四凤说话，但鲁妈带

zhe sì fèng hé dà hǎi chōng chū le fáng jiān
着四凤和大海冲出了房间。）

léi yǔ shēng
〔雷雨声〕

sì píng nǐ zhī dào wǒ de píng zài nǎr
四：萍，你知道我的萍在哪儿

ma
吗？

guò lù de rén duì sì fèng yáo yao tóu sì fèng yí
（过路的人对四凤摇摇头，四凤一

gè yí gè de wèn
个一个地问。）

sì píng nǐ zài nǎ er
四：萍，你在哪儿？

huí dào wǔ tái zhōu píng zuò zài shā fā shang
（回到舞台，周萍坐在沙发上，

dà yī fàng zài xíng li shang zhǔn bèi yào zǒu le
大衣放在行李上，准备要走了。）

sì cháo zhe zhōu píng pǎo qù píng
四：（朝着周萍跑去）萍！

píng zhōu píng zhàn qǐ lái bǎ zì jǐ de dà yī
萍：（周萍站起来，把自己的大衣

gài zài sì fèng de shēn shang fèngr nǐ zěn me
盖在四凤的身上）凤儿！你怎么

le zěn me huì zhè yàng lā sì fèng de shǒu tiān
了，怎么会这样？（拉四凤的手）天

a nǐ de shǒu bīng liáng ràng sì fèng zuò xià
啊！你的手冰凉！（让四凤坐下）

注释 Notes

guò lù
过路：to pass by

xíng li
行李：luggage

gài
盖：to cover

bīng liáng
冰凉：freezing cold

sì shēn qíng de kàn zhe zhōu píng yǎn jing chōng
四：(深情地看着周萍，眼睛充
mǎn le lèi píng nǐ hái zài zhèr wǒ men hǎo
满了泪)萍，你还在这儿，我们好
xiàng fēn kāi le hěn duō nián wǒ mǔ qīn hé gē ge
像分开了很多年。我母亲和哥哥
bú ràng wǒ lái jiàn nǐ suǒ yǐ wǒ pǎo chū lái le
不让我来见你。所以我跑出来了。

píng wǒ kě lián de fèngr nǐ wèi shén me
萍：我可怜的凤儿，你为什么
zhè me shǎ nǐ shàng nǎr qù le
这么傻？你上哪儿去了？

sì wǒ yí gè rén zài yǔ li pǎo bù zhī
四：我一个人在雨里跑，不知
dào zì jǐ zài nǎr tiān shàng dǎ zhe léi wǒ
道自己在哪儿。天上打着雷，我
shén me dōu wàng le wǒ hǎo xiàng tīng jiàn mā zài jiào
什么都忘了，我好像听见妈在叫
wǒ kě shì wǒ pà wǒ pīn mìng de pǎo wǒ yào
我，可是我怕，我拼命地跑。我要
hé nǐ yì qǐ zǒu
和你一起走。

lǔ mā de shēng yīn yuè lái yuè jìn sì fèng sì
(鲁妈的声音越来越近：四凤！四
fèng
凤！)

sì lì kè qǐ shēn huāng zhāng de shì wǒ
四：(立刻起身，慌张地)是我
mā lái le
妈来了！

píng qǐ shēn qiān qǐ sì fèng de shǒu zěn me
萍：(起身，牵起四凤的手)怎么
bàn wǒ men kuài zǒu
办？我们快走！

tā men ná qǐ xíng li zhèng zhǔn bèi lí kāi
(他们拿起行李，正准备离开，
lǔ mā zhèng hǎo cóng mén kǒu jìn lái sān gè rén dōu dāi
鲁妈正好从门口进来，三个人都呆

注释 Notes

shēn qíng
深情：deep feelings

chōng mǎn
充满：to be full of

kě lián
可怜：pity

dǎ léi
打雷：thunder

pīn mìng
拼命：to risk one's life

lì kè
立刻：immediately

dāi
呆：blank; wooden

zài nà lǐ le
在那里了。)

lǔ duì zhōu píng nǐ shì
鲁:(对周萍)你是?

píng lǔ nǎi nai wǒ zhī dào shì wǒ duì bu
萍:鲁奶奶,我知道是我对不
qǐ nín dàn qǐng nín xiāng xìn wǒ wǒ yǐ hòu yí
起您,但请您相信我,我以后一
dìng huì hǎo hāo dài sì fèng
定会好好待四凤!

lǔ nǐ men bù néng zài yì qǐ
鲁:你们不能在一起!

lǔ mā zhèn jīng xiàng hòu tuì xuàn yùn zhōu
(鲁妈震惊,向后退,眩晕。周
píng hé sì fèng gǎn kuài shàng qián fú zhù lǔ mā
萍和四凤赶快上前扶住鲁妈)

tóng shí hǎn
(同时喊)

píng lǔ nǎi nai
萍:鲁奶奶!

sì mā
四:妈!

lǔ qǐ shēn tòng kǔ de kàn zhe tiān wǒ kě
鲁:(起身,痛苦地看着天)我可
lián de hái zi men a shì wǒ duì bu qǐ lǎo tiān
怜的孩子们啊,是我对不起老天
yé ma
爷吗?

fèng guì xià zhuā qǐ lǔ mā de shǒu mā
凤:(跪下,抓起鲁妈的手)妈!
wǒ yǐ jīng yǒu le
我已经有了……

lǔ jīng bǎ sì fèng de shǒu tuī kāi nǐ men
鲁:(惊,把四凤的手推开)你们
zǒu ba zǒu de yuè yuǎn yuè hǎo yǒng yuǎn dōu bié
走吧!走得越远越好,永远都别
huí lái
回来!

xiāng xìn
相信:to trust

dài
待:to treat

lǎo tiān yé
老天爷:God

zhuā
抓:to grasp

tuī
推:to push

fán fán yī cóng cè mén jìn shén jīng zhì dì
繁：（繁漪从侧门进，神经质地）
dōu bié xiǎng zǒu hā hā hā hā
都别想走，哈哈哈哈！

píng qì fèn nǐ
萍：（气愤）你！

fán wǒ yǐ jing bǎ xiǎo mén suǒ shàng le lǎo
繁：我已经把小门锁上了，老
ye zhèng cóng dà mén jìn lái fēng kuáng de xiào
爷正从大门进来。（疯狂地笑）
suǒ yǒu de rén dōu jīng huāng qǐ lái
（所有的人都惊慌起来）

zhōu chōng fú zhe zhōu pǔ yuán jìn lái zhōu chōng
（周冲扶着周朴园进来，周冲
bù zhī dào fā shēng le shén me shì qing zhōu pǔ yuán kàn
不知道发生了什么事情。周朴园看
jiàn lǔ mā zài zhèr tíng le tíng
见鲁妈在这儿，停了停）

pǔ dī chén de shì píng nǐ guǒ rán yòu
朴：（低沉地）侍萍，你果然又
lái le
来了。

píng shén me
萍：什么？

sì zhè
四：这！

fán bù bù
繁：不！不！

pǔ duì zhōu píng píng er zhǐ zhe lǔ mā
朴：（对周萍）萍儿，（指着鲁妈）
zhè jiù shì nǐ de qīn shēng mǔ qīn èr shí nián qián
这就是你的亲生母亲，二十年前
sǐ le de
死了的。

xiàn rù yí piàn huāng luàn
（陷入一片慌乱）

注释 Notes

shén jīng zhì
神经质：mental disorder

qì fèn
气愤：angry

fēng kuáng
疯狂：crazy

guǒ rán
果然：as expected

zhǐ
指：to point (at, to)

xiàn rù
陷入：to fall into

huāng luàn
慌乱：panic and chaos

píng chàn chàn wēi wēi de zǒu dào tái zhōng jiān
萍：（颤颤巍巍地走到台中间，

zhǐ zhe zhōu pǔ yuán hā hā hā hā fù qīn
指着周朴园）哈哈哈哈……父亲

zhǐ xiàng lǔ mā mǔ qīn zhǐ xiàng sì
……（指向鲁妈）母亲……（指向四

fèng nǐ shì
凤）你是……

sì wǔ zhe tóu xiàng hòu tuì bù bù
四：（捂着头，向后退）不，不！！！

fēng kuáng de chōng le chū qù
（疯狂地冲了出去）

chōng gēn zhe sì fèng sì fèng
冲：（跟着四凤）四凤！

pǔ píng er zhè shì zěn me yì huí shì
朴：萍儿，这是怎么一回事？

píng bà nǐ bù gāi shēng wǒ
萍：爸，你不该生我。

wài miàn chuán chū hōng hōng de léi shēng
（外面传出轰轰的雷声）

zài wū wài
（在屋外……）

sì fèng kū à
四凤：（哭）啊……！！

zhōu chōng sì fèng à
周冲：四凤！啊！！

pú rén chōng jìn lái sì fèng tā sǐ le
仆人：（冲进来）四凤，她死了！

fán chōng er ne
繁：冲儿呢？

pú rén yě yě sǐ le sì fèng pèng
仆人：也……也死了。四凤碰

zháo nà gēn zǒu diàn de diàn xiàn èr shào ye bù zhī
着那根走电的电线，二少爷不知

dào lā le tā yì bǎ liǎng gè rén yí kuàir
道，拉了她一把，两个人一块儿，

注释 Notes

chàn chan wēi wēi
颤颤巍巍：to tremble

wǔ
捂：to cover

zhōng diàn sǐ le
中电，死了……

fán pǎo xiàng mén wài chōng er wǒ de chōng er
繁：（跑向门外）冲儿，我的冲儿！

pǔ gēn zhe fán yī zěn me huí shì
朴：（跟着繁漪）怎么回事！

suǒ yǒu de rén dōu pǎo chū qù le zhōu píng cóng guì zi li ná chū yì bǎ qiāng màn màn de zǒu dào le shū fáng zhǐ tīng jiàn pēng de yì shēng
（所有的人都跑出去了。周萍从柜子里拿出一把枪，慢慢地走到了书房，只听见砰的一声……）

注释 Notes

zhōng diàn
中电：to electrocute

qiāng
枪：gun

qǐng bǎ zhè gè gù shi jiǎng gěi nǐ de péng you tīng
1. 请把这个故事讲给你的朋友听。

qǐng biǎo yǎn zhè mù huà jù
2. 请表演这幕话剧。

Cultural Note

曹禺（*Cao Yu*）was born into a poor family in Qianjiang in the province of Hubei. When he was still an infant, his family's business interests necessitated a move to Tianjin where his father worked for a time as secretary to China's President, Li Yuanhong. Tianjin was a cosmopolitan city with a strong western influence, and during his childhood, Yu's mother would often take him to see western style plays, which were gaining in popularity at the time, as well as productions of Chinese traditional opera.

Such western style theater（called "huàjù," 话剧）made inroads in China under the influence of noted intellectuals such as Chen Duxiu and Hu Shi, who were proponents of a wider cultural renewal campaign of the era, marked by antiimperialism, and a reevaluation of Chinese cultural institutions, such as Confucianism. The enterprise crystallized in 1919, in the so-called May Fourth Movement.

Between 1920 and 1924, Cao Yu attended Tianjin Nankai High School, which offered a western style study program. The school maintained a society of dramatic arts in which the students were able to produce various western works, notably those of Henrik Ibsen and Eugene O'Neill, who were well-known authors in China thanks to translations published by Hu Shi. Cao Yu took acting roles in a number of the society's dramatic productions, even going so far as to assume the female role of Nora in Ibsen's *A Doll's House*. He is also known to have assisted in the translation of *Englishman*, John Galsworthy's 1909 work, *Strife*.

After finishing his studies at Nankai High School, Cao Yu was first matriculated at Nankai University's Department of Political Science but transferred the next year to Tsinghua University, where he studied until graduating in 1934 with a degree in Western Languages and Literature. During his university studies, Cao Yu improved his abilities in both Russian and English. His course of studies required reading the works of such western authors as Bernard Shaw and Eugene O'Neill, and of Russian authors such as Anton Chekhov and Maxim Gorky, as well as translated works of classic Greek writers, Euripides and Aeschylus. This immersion in western literature would mark Yu's style in all writing genres including the "spoken theater," which was very different from Chinese traditional opera. During the course of his last year at the university, Cao Yu completed his first work, *Thunderstorm*, which would mark a milestone in Chinese theater of the 20th century.

茶馆(节选)

Teahouse (*Chaguan*, 1957)—Written by Lao She (1899－1966), this three-act modern drama is set in a typical old Beijing teahouse where people from all walks of life gather. By portraying the rise and decline of the teahouse and the plights and successes of an array of characters, the play offers a cross-sectional view of Chinese society during the period between 1898, at the end of the Qing Dynasty (1644－1911), and 1948, the eve of the fall of the Kuomintang. The play was premiered by the Beijing People's Art Theater in 1958. The theater has since staged the play in a number of foreign countries in Europe, Asia and North America. It is one of the most representative works in the theater's repertory.

人物 Main Characters

wáng shū fēn chá guǎn lǎo bǎn niáng
王淑芬：茶馆老板娘

lǐ sān chá guǎn huǒ ji
李三：茶馆伙计

wáng lì fā chá guǎn lǎo bǎn
王利发：茶馆老板

Dì èr mù
第二幕

shí jiān yǔ dì yī mù xiāng gé shí yú nián
时间与第一幕相隔十余年，
xiàn zài shì yuán shì kǎi sǐ hòu dì guó zhǔ yì zhǐ
现在是袁世凯死后，帝国主义指
shǐ zhōng guó jūn fá jìn xíng gē jù shí shí fā dòng
使中国军阀进行割据，时时发动
nèi zhàn de shí hou chū xià shàng wǔ
内战的时候。初夏，上午。

dì diǎn chá guǎn
地点：茶馆。

mù qǐ běi jīng chéng nèi de dà chá guǎn yǐ
【幕启：北京城内的大茶馆已
xiān hòu xiāng jì guān le mén yù tài shì shuò guǒ
先后相继关了门。“裕泰”是硕果
jǐn cún de yì jiā le kě shì wèi bì miǎn bèi táo
仅存的一家了，可是为避免被淘
tài tā yǐ gǎi biàn le yàng zi yǔ zuò fēng xiàn
汰，它已改变了样子与作风。现
zài tā de qián bù réng rán mài chá hòu bù què gǎi
在，它的前部仍然卖茶，后部却改
chéng le gōng yù qián bù zhǐ mài chá hé guā zǐ shén
成了公寓。前部只卖茶和瓜子什
me de làn ròu miàn làn ròu miàn zài jiù běi jīng
么的；“烂肉面”（烂肉面在旧北京
de fàn tānr chá guǎn li dōu yǒu mài de xiāng dāng yú
的饭摊儿、茶馆里都有卖的，相当于
jīn rì de niú ròu miàn làn ròu miàn shì dà chá guǎn tè shū
今日的牛肉面。烂肉面是大茶馆特殊
de shí pǐn jià qián pián yi zuò qǐ lái biàn dang děng
的食品，价钱便宜，做起来便当。）等

dì guó zhǔ yì
帝国主义：imperialism

zhǐ shǐ
指使：to instigate

jūn fá
军阀：warlord

gē jù
割据：to set up a separatist regime by armed force

xiāng jì
相继：one after another

táo tài
淘汰：to die out

zuò fēng
作风：a style of work

gōng yù
公寓：apartment

guā zǐ
瓜子：melon seeds

biàn dang
便当：convenient; easy

děng yǐ chéng wéi lì shǐ míng cí chú fáng nuó dào hòu
等已成为历史名词。厨房挪到后
biān qù zhuān bāo gōng yù zhù kè de huǒ shí chá
边去，专包公寓住客的伙食。茶
zuò yě dà jiā gǎi liáng yí lǜ shì xiǎo zhuō yǔ téng
座也大加改良：一律是小桌与藤
yǐ zhuō shang pū zhe qiǎn lǜ zhuō bù qiáng shang
椅，桌上铺着浅绿桌布。墙上
de zuì bā xiān dà huà lián cái shén kān jūn
的“醉八仙”大画，连财神龛，均
yǐ chè qù dài yǐ shí zhuāng měi rén wài guó
已撤去，代以时装美人——外国
xiāng yān gōng sī de guǎng gào huà mò tán guó
香烟公司的广告画。“莫谈国
shì de zhǐ tiáo kě shì bǎo cún le xià lái ér qiě
事”的纸条可是保存了下来，而且
zì xiě de gèng dà wáng lì fā zhēn xiàng gè
字写的更大。王利发真象个
shèng zhī shí zhě yě zhè lǐ zhǐ zuì shì yìng zhè ge
“圣之时者也”（这里指最适应这个
shí dài de rén bú dàn méi shǐ yù tài miè
时代的人），不但没使“裕泰”灭
wáng ér qiě shǐ tā yǒu le xīn de fā zhǎn
亡，而且使它有了新的发展。

yīn wèi xiū lǐ mén miàn chá guǎn tíng le jǐ
因为修理门面，茶馆停了几
tiān yíng yè yù bèi míng tiān kāi zhāng wáng shū fēn
天营业，预备明天开张。王淑芬
zhèng hé lǐ sān máng zhe bù zhì bǎ zhuō yǐ yí le
正和李三忙着布置，把桌椅移了
yòu yí bǎi le yòu bǎi yǐ qī jìn shàn jìn měi
又移，摆了又摆，以期尽善尽美。

wáng shū fēn shū shí xíng liú xíng de yuán
王淑芬梳时行（流行）的圆
jì ér lǐ sān què hái dài zhe xiǎo biànr qīng cháo
髻，而李三却还带着小辫儿（清朝
nán xìng shū lǐ de fà xíng
男性梳理的发型）。

注释 Notes

nuó 挪: to move

huǒ shí 伙食: food

gǎi liáng 改良: to improve

yí lǜ 一律: same; alike

kān 龛: shrine

chè 撤: to remove

mò 莫: do not

mén mian 门面: (shop) appearance

kāi zhāng 开张: to start a business

bù zhì 布置: to decorate; to arrange

jìn shàn jìn měi 尽善尽美: as nice and beautiful as possible

jì 髻: hair worn in a bun or coil

biàn 辫: plait

èr sān xué shēng yóu hòu miàn lái yǔ tā
二、三学生由后面来，与他
men dǎ zhāo hu chū qù
们打招呼，出去。】

wáng shū fēn kàn lǐ sān de biàn zi ài shì sān
王淑芬：（看李三的辫子碍事）三
yé zán men de chá guǎn gǎi le liáng nǐ de xiǎo
爷，咱们的茶馆改了良，你的小
biànr yě gāi jiǎn le ba
辫儿也该剪了吧？

lǐ sān gǎi liáng gǎi liáng yuè gǎi yuè liáng
李三：改良！改良！越改越凉，
bīng liáng
冰凉！

wáng shū fēn yě bù néng nà me shuō sān yé
王淑芬：也不能那么说！三爷
nǐ kàn tīng shuō xī zhí mén de dé tài běi xīn qiáo
你看，听说西直门的德泰，北新桥
de guǎng tài gǔ lóu qián de tiān tài zhè xiē dà
的广泰，鼓楼前的天泰，这些大
chá guǎn quán xiān hòu jiǎor xiān hòu guān le mén
茶馆全先后脚儿（先后）关了门！
zhǐ yǒu zán men yù tài hái kāi zhe wèi shén me bú
只有咱们裕泰还开着，为什么？不
shì yīn wèi shuān zi de bà ba wáng lì fā dǒng
是因为拴子的爸爸（王利发）懂
de gǎi liáng ma
得改良吗？

lǐ sān hēng huáng shang méi lā zǒng suàn
李三：哼！皇上没啦，总算
dà gǎi liáng ba kě shì gǎi lái gǎi qù yuán shì kǎi
大改良吧？可是改来改去，袁世凯
hái shì yào zuò huáng shang yuán shì kǎi sǐ hòu tiān
还是要作皇上。袁世凯死后，天
xià dà luàn jīnr gè dǎ pào míngr gè guān
下大乱，今儿个打炮，明儿个关

ài shì
碍事：be a hindrance

chéng gǎi liáng hēng wǒ hái liú zhe wǒ de xiǎo
城,改良?哼!我还留着我的小

biànr wàn yì bǎ huáng shang gǎi huí lái ne
辫儿,万一把皇上改回来呢!

wáng shū fēn bié wán gù la sān yé rén
王淑芬:别顽固啦,三爷!人

jia gěi zán men gǎi le mín guó zán men hái néng bù
家给咱们改了民国,咱们还能不

suí zhe zǒu ma nǐ kàn zán men zhè me yì shōu
随着走吗?你看,咱们这么一收

shi bù bǐ yǐ qián gān jìng hǎo kàn zhuān zhāo dài
拾,不比以前干净,好看?专招待

wén míng rén bú gèng tǐ miàn kě shì nǐ yào hái
文明人,不更体面?可是,你要还

dài zhe xiǎo biànr kàn zhe duō me bú shùn yǎn na
带着小辫儿,看着多么不顺眼哪!

lǐ sān tài tai nǐ jué de bú shùn yǎn wǒ
李三:太太,你觉得不顺眼,我

hái bú shùn xīn bù gāo xìng ne
还不顺心(不高兴)呢!

wáng shū fēn yo nǐ bú shùn xīn zěn me
王淑芬:哟,你不顺心?怎么?

lǐ sān nǐ hái bù míng bai qián miàn chá
李三:你还不明白?前面茶

guǎn hòu miàn gōng yù quán zhàng zhe yī kào zhǎng
馆,后面公寓,全仗着(依靠)掌

guì de gēn wǒ liǎng gè rén wú lùn zěn me shuō yě
柜的跟我两个人,无论怎么说,也

máng bú guò lái ya
忙不过来呀!

wáng shū fēn qián miàn de shì guī tā hòu miàn
王淑芬:前面的事归他,后面

de shì bú shì hái yǒu wǒ bāng zhù nǐ ma
的事不是还有我帮助你吗?

lǐ sān jiù suàn yǒu nǐ bāng zhù dǎ sǎo èr
李三:就算有你帮助,打扫二

shí lái jiān wū zi shì hòu èr shí duō rén de huǒ
十来间屋子,侍候二十多人的伙

注释 Notes

wán gù
顽固:stubborn

shōu shi
收拾:clean up

zhāo dài
招待:to entertain, to serve (customers)

shùn yǎn
顺眼:pleasing to the eye

cì hou
伺候:to serve

食，还要沏茶灌水，买东西送信，问问你自己，受得了受不了！

王淑芬：三爷，你说的对！可是呀，这兵荒马乱的年月，能有个事儿作也就得念佛！（有工作做就已经算不错）咱们都得忍着点！

李三：我干不了！天天睡四、五个钟头的觉，谁也不是铁打的！

王淑芬：唉！三爷，这年月谁也舒服不了！你等着，大拴子暑假就高小毕业，二拴子也快长起来，他们一有用处，咱们可就清闲点啦。从老王掌柜在世的时候，你就帮助我们，老朋友，老伙计啦！

〔王利发老气横秋地从后面进来。〕

李三：老伙计？二十多年了，他

注释 Notes

沏茶：to make tea
灌水：to pour water
兵荒马乱：the chaos of war
念佛：to chant Buddha (scriptures)
钟头：hour
清闲：at leisure
掌柜：boss; manager
伙计：assistant
老气横秋：arrogant on account of one's seniority

men kě gěi wǒ zhǎng guo gōng qián shén me dōu gǎi
们可给我长过工钱?什么都改
liáng wèi shén me gōng qián bù gēn zhe gǎi liáng ne
良,为什么工钱不跟着改良呢?

wáng lì fā yo nǐ zhè shì shén me huà
王利发:哟!你这是什么话
ya zán men de mǎi mai yào shi yuè zuò yuè hǎo wǒ
呀?咱们的买卖要是越作越好,我
néng bù gěi nǐ zhǎng gōng qián ma dé le míng tiān
能不给你长工钱吗?得了,明天
zán men kāi zhāng qǔ gè jí lì xiān bié chǎo zuǐ
咱们开张,取个吉利,先别吵嘴,
jiù zhè me bàn ba
就这么办吧!All right?

lǐ sān jiù zěn me bàn la bù gǎi wǒ de
李三:就怎么办啦?不改我的
liáng bù tí gāo gōng qián wǒ gàn bú xià qù la
良(不提高工钱),我干不下去啦!

hòu mian jiào lǐ sān lǐ sān
〔后面叫:"李三!李三!"〕

wáng lì fā cuī xiān sheng jiào nǐ kuài qù zán
王利发:崔先生叫,你快去!咱
men de shì yǒu gōng fu shí jiān zài xì yán jiū
们的事,有工夫(时间)再细研究!

lǐ sān hēng
李三:哼!

wáng shū fēn wǒ shuō zuó tiān jiù guān le
王淑芬:我说,昨天就关了
chéng mén jīnr gè hái shuō bú dìng guān bù guān
城门,今儿个还说不定关不关,
sān yé zhè lǐ de shì jiāo gěi zhǎng guì de nǐ
三爷,这里的事交给掌柜的,你
qù mǎi diǎn cài ba bié de bù shuō xián cài zǒng
去买点菜吧!别的不说,咸菜总
děi mǎi xià diǎn ya
得买下点呀!

注释 Notes

jí lì
吉利:luck

zhǎng guì de
掌柜的:the boss, manager

xián cài
咸菜:pickles

hòu miàn yòu jiào lǐ sān lǐ sān
〔后面又叫："李三！李三！"〕

lǐ sān duì hòu biān jiào qián biān cuī bǎ
李三：对，后边叫，前边催，把
wǒ pī chéng liǎng bànr hǎo bu hǎo fèn fèn de
我劈成两半儿好不好！（忿忿地
wǎng hòu zǒu
往后走）

wáng lì fā shuān zi de mā tā suì shu dà
王利发：拴子的妈，他岁数大
le diǎn nǐ kě děi
了点，你可得……

wáng shū fēn tā bào yuàn le dà bàn tiān le
王淑芬：他抱怨了大半天了！
kě shì bào yuàn de duì dāng zhe tā wǒ bú biàn
可是抱怨的对！当着他，我不便
zhí shuō duì nǐ wǒ kě děi shuō shí huà zán men
直说；对你，我可得说实话：咱们
děi tiān rén
得添人！

wáng lì fā tiān rén děi gěi gōng qian zán men
王利发：添人得给工钱，咱们
zhuàn de chū lái ma wǒ yào shi huì gàn bié de
赚得出来吗？我要是会干别的，

注释 Notes

cuī
催：urge

pī
劈：split

fèn fèn
忿忿：angry

bào yuàn
抱怨：to complain

kě shì hái kāi chá guǎn, wǒ shì sūn zi (méi yòng de rén)!
可是还开茶馆，我是孙子（没用的人）！

yuǎn chù yǐn yǐn yǒu pào shēng
〔远处隐隐有炮声。〕

wáng lì fā: tīng ting, yòu tā mā de kāi pào le! nǐ nào, nào! míng tiān kāi de liǎo zhāng cái guài! zhè shì zěn me shuō de!
王利发：听听，又他妈的开炮了！你闹，闹！明天开得了张才怪！这是怎么说的！

wáng shū fēn: míng bai rén bié shuō hú tu huà, kāi pào shì wǒ nào de?
王淑芬：明白人别说胡涂话，开炮是我闹的？

wáng lì fā: bié zài xiā chě, gàn huór qù! hēi!
王利发：别再瞎扯，干活儿去！嘿！

wáng shū fēn: zǎo wǎn bú shì lèi sǐ, jiù děi jiào pào hōng sǐ, wǒ kàn tòu le! (màn màn de wǎng hòu biān zǒu)
王淑芬：早晚不是累死，就得叫炮轰死，我看透了！（慢慢地往后边走）

wáng lì fā: (wēn hé le xiē) shuān zi de mā, béng (bú yào) hài pà, kāi guò duō shao huí pào, yì huí yě méi dǎ sǐ zán men, běi jīng chéng shì bǎo dì (yǒu fú de dì fang)!
王利发：（温和了些）拴子的妈，甭（不要）害怕，开过多少回炮，一回也没打死咱们，北京城是宝地（有福的地方）！

注释 **Notes**

yǐn yǐn 隐隐: indistinct

pào 炮: cannon; artillery piece

hú tu 糊涂: muddle-headed

xiā chě 瞎扯: talk irresponsibly

kàn tòu le 看透了: to fully understand

Cultural Note

Laoshe (**老舍**) was a notable Chinese writer. A novelist and dramatist, he was one of the most significant figures of the 20th century Chinese literature, and is perhaps best known for his novel *Rickshaw Boy* and the play *Teahouse* (茶馆). He was of Manchu ethnicity. His works are known especially for their vivid use of the Beijing dialect. He was highly influenced by the May Fourth Movement (1919). He stated: "The May Fourth gave me a new spirit and a new literary language. I am grateful to the May Fourth Movement, as it allowed me to become a writer."

He went on to serve as lecturer in the Chinese section of the (then) School of Oriental Studies (now the School of Oriental and African Studies) at the University of London from 1924 to 1929. During his time in London, he absorbed a great deal of English literature (especially Dickens, whom he adored) and began his own writing. His later novel *Ma and Son* (二马) drew on these experiences. In the summer of 1929, he left Britain for Singapore, teaching at the Chinese High School. Between his return to China in the spring of 1930 until 1937, he taught at several universities.

Like thousands of other intellectuals in China, he experienced mistreatment in the Cultural Revolution of the mid-1960s. Red Guards of the Cultural Revolution had attacked him as a "counter-revolutionary." They paraded him through the streets and beat him in public. Greatly humiliated both mentally and physically, he, according to the official record, committed suicide by drowning himself in a Beijing lake in 1966.

Yuan Shikai (**袁世凯**, 1859—1916) was an important Chinese general and politician, famous for his influence during the late Qing Dynasty and his part in the events leading up to the abdication of the last Qing Emperor of China. He was also known for his autocratic rule as the first President of the Republic of China, and his short-lived attempt to revive the Chinese monarchy, with himself as the "Great Emperor of China."

Warlordism (**军阀**) was coined to describe the chaos at the end of the Qing Dynasty and the birth of the Republic of China. With Yuan's death, China was left without any generally recognized central authority and the army quickly fragmented into forces of combating warlords. Despite the superficial unification of China in 1927 under the rule of Generalissimo Chiang Kai-shek's Kuomintang (KMT), warlordism remained a problem until the victory of the Communist Party of China in 1949.